# 郑和与海

经典云南

杨海涛 ◎ 编

云南出版集团公司
云南教育出版社

**图书在版编目（CIP）数据**

郑和与海 / 杨海涛编. — 昆明：云南教育出版社，2012.2
（经典云南丛书）
ISBN 978-7-5415-6223-5

Ⅰ. ①郑… Ⅱ. ①杨… Ⅲ. ①郑和（1371~1435）–传记 Ⅳ. ①K825.89

中国版本图书馆CIP数据核字(2012)第015354号

| | |
|---|---|
| 书　　名 | 郑和与海 |
| 作　　者 | 杨海涛 |
| 策 划 人 | 李安泰　杨云宝 |
| 组 稿 人 | 吴学云 |
| 出 版 人 | 李安泰 |
| 责任编辑 | 黄　凡　付婷婷 |
| 装帧设计 | 向　炜 |
| 责任印制 | 赵宏斌　张　旸 |

**云南出版集团公司** 出版发行
**云南教育出版社**

昆明市环城西路609号　www.yneph.com

全国新华书店经销
云南新华印刷实业总公司一厂印刷
2012年3月第1版　2012年3月第1次印刷
787毫米×1092毫米　1/32开本　2.25印张　60千字

ISBN 978-7-5415-6223-5
定价 4.80元

# 总　序

云南，从渺远神秘而又带着蛮荒色彩的"彩云之南"走到今天，一步一个脚印跋涉在中华大地上。

云南山水，多娇诱人。

闻名遐迩的喀斯特地质奇观石林，奇妙无比。

迷人的高原深水湖泊抚仙湖，凝波如玉。

秘境香格里拉的高山草甸，杜鹃如火；巍峨雪山，苍茫古远。

低纬度的明永冰川，从古流到今；高黎贡山的各色鲜花，从冬开到夏。

大理的风花雪月，丽江的小桥流水，版纳的原始森林，腾冲的地热奇景，泸西的阿庐古洞，怒江的东方大峡谷，令人陶醉。

七彩云南，蕴涵的又何止是奇山美水？！

这里，有寒武纪早期生物大爆炸的典型：澄江动物化石群。这里，诞生了中国最古老的人类：元谋人。这里，曾崛起过古滇国、哀牢国、南诏国、大理国。这里，有蜀身毒道、秦五尺道、茶马古道、滇缅公路、驼峰航线。这里，有世界上唯一活着的象形文字"东巴文"。这里，出现了中国第一个海关、第一座水电站、第一条民营铁路。

这里，有与黄埔军校齐名的云南陆军讲武堂。

这里，爆发过反对清王朝统治的重九起义。

这里，在袁世凯复辟帝制时，率先通电全国，举起了护国运动的大旗。这里，举办过名垂青史的西南联大，并爆发了震惊全国的"一二·一"运动。这里，曾经涌现了杨振鸿、张文光、蔡锷、李根源、唐继尧、庾恩旸、刀安仁、杨杰等一个个热血汉子；这里，也曾经孕育出书法家钱南园、医药家兰茂、数学家熊庆来、军事家罗炳辉、哲学家艾思奇、音乐家聂耳、诗人柯仲平、舞蹈家杨丽萍、诗书画三绝的担当大师等文化奇才。

朱德、叶剑英，在这里留下了坚实的足迹；徐霞客、杨慎，在这里留下了自己的千古绝唱。

这里还有神奇的云南白药、剔透如玉的云子、独树一帜的普洱茶。

这里的僰人悬棺、纳西古乐、摩梭走婚、白族三道茶、彝族跳菜等滇人风貌和民族风情，更是诉说不尽。

"经典云南丛书"像一根线，把散落于三迤大地的粒粒圆润闪亮的珍珠串连起来，呈现于您的眼前，让您清晰地看到云南山水奇观、人文历史和民族风俗的经典篇章，让您在愉快的阅读体验中增加知识、增长见闻、解密未知。

"经典云南丛书"为百科式解读云南的通俗性读物，融知识性、趣味性、探秘性与时代性为一体，以一种新的视角和叙述方式展现云南的独特之美，以满足人们了解云南、探秘云南、遨游云南的愿望，希望我们所做的一切已达到了。

编　者

# 目 录

一、男儿当自强 ·············································································· 1
　1. 郑和与滇池 ············································································ 1
　2. 老子英雄儿好汉 ······································································ 5
　3. 父辈的旗帜 ············································································ 9
二、我的未来不是梦 ······································································ 11
　1. 马皇后 ················································································ 11
　2. 燕王朱棣 ············································································· 13
三、是金子早晚要发光 ··································································· 15
　1. 燕叔叔造反 ·········································································· 15
　2. 一匹来自北方的狼 ································································· 18
　3. 郑村坝之战 ·········································································· 21
四、谁让咱有钱 ············································································ 23
　1. 不能说的秘密 ······································································· 23
　2. 穷得就剩下钱了 ···································································· 25
五、郑和号航母舰队 ······································································ 27
六、海上陶瓷之路 ········································································· 31
　1. 第一次下西洋 ······································································· 31
　2. 第二次下西洋 ······································································· 35
　3. 第三次下西洋 ······································································· 37
　4. 第四次下西洋 ······································································· 45
　5. 第五次下西洋 ······································································· 51
　6. 第六次下西洋 ······································································· 54
七、最后的归宿 ············································································ 55
八、探索与发现 ············································································ 60
　1. 开放的政策 ·········································································· 60
　2. 文化的传播 ·········································································· 61
　3. 郑和之后,再无郑和 ······························································· 62

主要参考书目 ·············································································· 67

# 一、男儿当自强

要说郑和,得先说说滇池。

因为是滇池激发了郑和对海洋的热情、对海洋的冲动和渴望;是滇池孕育了中国历史上这位富有传奇色彩的航海家。

## 1.郑和与滇池

在老昆明人口中,滇池不是湖,是"海",叫"滇池海子"。

她位于昆明城边,是中国第六大淡水湖,处于长江、珠江和红河三大水系分水岭地带,属长江水系上源之一。

滇池形成于三百万年前,受喜马拉雅山地壳造山运动的影响,形成断陷性质的沉积盆地。古滇池面积约一千平方公里,据推测,当时最大水深达一百米左右。古滇池水位相当于海拔一千九百八十米。你想想,郑和那个时候的滇池不就是一片蔚蓝色的海洋吗?郑和生于斯,长于斯,对海洋有一种天生的亲近感。当他面对波涛汹涌的海洋时,一点都不陌生和畏惧。他能够完成中国历史上的航海壮举,率领庞大的船队,七次出使西洋,访问三十多个国家和地区,是滇池激发起他无限的生命力和创造力。

滇池名称的由来,说法甚多。第一种是从地理形势看。晋人常璩《华阳国志·南中志》称:"滇池县,郡治。故滇国也。有泽水,周回二百里。所出深广,下流浅狭,如倒流,故曰滇池。"其后范晔《后汉书》、郦道元《水经注》等多沿袭此说。第二种是寻音考义。有人认为:"滇,颠也,言最高之顶。"滇池在高原,故名;有的则说"滇"是彝语die(甸),即大坝子。第三种是从民族称谓来考察。司马迁的《史记·西南夷列传》明确记载,"滇"在古代就是这一地区最大部落的名称,楚将庄蹻入滇后,变服随俗称滇王。因此,可能先有滇部族,再有滇池名。此说较符合史实。

浩瀚的滇池,不仅造就了中国历史上一位伟大的航海家郑和,还创造了灿烂的古滇青铜文化。

公元前五世纪中叶至公元一世纪初,滇池沿岸曾经有过一个被称

郑和故乡的滇池　(王平摄)

为"滇"的古代王国。翻开中国古代史和历代文献资料,除了司马迁的《史记》以及后来的《后汉书》、《华阳国志》中有过一点来自传闻和转录的零星记载外,很少有人提到过这个神秘的王国,然而,它登峰造极的艺术成就,即使是两千多年后的今天,也让现代人难以想象。

史书记载的虚浮,使人们对历史上是否真的存在过这样一个王朝产生了怀疑。1956年,考古学家在滇池东岸一个叫石寨山的小山冈上,揭示了一个消失千年的王国,云南考古史上最大的发现——古滇国墓葬群被发掘出来。古墓中出土的青铜器与人们所熟知的中原青铜时代的文明毫无相同之处。被国际文物界誉为"中国西南文明最璀璨夺目的表征"和"独步世界的收藏"的滇国遗物的出土,勾勒出足以令彩云之南骄傲的消失了两千多年的古滇国与滇文化,展现出云南古代史上一个最灿烂的时代……

此次发掘历时二十一天,确认了石寨山中部包含着一处新的石器时代贝丘遗址和一片青铜器时代墓葬群,所发掘的两座墓葬中出土的一百多件青铜器多为从未见过之物,引起各方面的高度重视。其中两件铸有立体纺织场面和杀人祭柱场

面的铜鼓形贮贝器,形象逼真地再现了古代社会生活场面。当时我国著名学者、中国科学院院长郭沫若和文化部副部长兼文物局局长郑振铎来昆明观看了出土的器物后惊叹不已,誉为具有国际意义的重大发现。

在云南货币史上,滇人以海贝作货币有着悠久的历史。而在石寨山出土的一种用来盛放海贝的贮贝器,大多出现在随葬品丰富的贵族墓葬中,由此表明这是滇族财富的象征。就在这些盛满海贝的贮贝器上,几十个栩栩如生的人物挤满在直径不到三十厘米的盖面上,生动地再现出古滇国的社会生活画卷。

这些人物中,有"编发"的昆明人牵着牛羊向梳髻的滇人纳贡的队伍,有滇人与他们的老对手——"编发"的昆明人战争的场面,昆明人被滇人追逐、滇人猎取昆明人的头颅或将其作为人牲。然而,最多的还是一些发生在滇人村社集市上的场景。熙熙攘攘的集市上充满了各式各样的人物,背着孩子的女人们手持或头顶箩筐往来其间,利用宗教集会做交易,筐内盛有蔬菜瓜果之类的食物,有人正俯身与持筐者交谈,又有一人伸手入筐作取物状。集市上亦有背包袱者、骑马者、肩荷铜锄者、手持籽种者。

古滇国的妇女地位很高,她们大多出现于生产和宗教仪式中。贮贝器上有四个男子抬一个肩舆,上面坐着一位妇女,而肩扛锄头、头顶籽袋的男女耕作者向她顶礼膜拜。

在这热闹的集市上,也散发着恐怖的血腥味,它或与战争,或与宗教有着一种神秘的联系:广场中央立着象征权威的铜鼓或者巨柱,有被捆绑在木牌上行将受戮的男子,以神灵的名义,他将被用作祭祀的牺牲;有人跪在已被砍去头颅的尸体面前双手抱头哭泣;还有赤身的受刑者,双手双脚被缚,还被两人牵拉着,让人担心他即将被斩的腰部,而不远处,旁观的人们无动于衷;后面的柱子上缠绕着四条小蛇,柱脚下部还有一条巨蟒,它张开的嘴里正在吞噬活生生的人体。

1956年11月到1957年1月,在对石寨山的第二次发掘中,随着六号墓中一枚金印——"滇王之印"的出土,滇国最高等级的秘密——古滇国的国王墓葬被发现了。《史记》记载,汉元封二年(前109年),汉武帝为打通经四川过昆明而通往西域的蜀身毒道,兵临滇国,滇国国王投降,归顺中央王朝,于是,汉武帝赐予他滇王王印,复长其民,同时在此设益州郡,将其纳入汉朝版图。"滇王之印"的出土,印证了《史记》中的记载和古滇王国的存在,成为古滇王国的象征。"滇王之印"现已成为中国国家博物馆的珍贵馆藏。

1965年9月,大搞农田基本建设的热潮在全国农村兴起,江川县农民在李家山修梯田时,偶然挖出部分青铜器,于是,又一古滇国的墓葬群被发现。1972年元旦过后,经过两个月的艰苦挖掘,共发掘墓葬二十七座,断代为战国至西汉晚期,出土包括"牛虎铜案"、"虎牛铜枕"及"虎牛鹿贮贝器"等青铜器精品在内的文物一千三百多件。

案是当时滇国奢华的贵族用来盛放祭品祭祀神灵或飨宾客的礼器。江川出土的"牛虎铜案",造型别致。牛背微凹,为盛放食物的地方;牛尾被一头猛虎撕咬着,使铜案保持了视觉上的平衡;牛腹下

牛虎铜案　　(邢毅摄)

一头小牛悠然自得。"牛虎铜案"标志着古滇国的青铜制品已达到令人叹为观止的艺术水平。1999年,"牛虎铜案"赴美国巡展半年,其保险金额高达一千万美元。而李家山另一件出土青铜器"二牛交合扣饰"入选二十世纪中国考古文物精品展,再次轰动海内外。专家估计,李家山大约有两百多座墓葬,从已发掘的八

十五座墓葬看，其青铜器数量之多、文物价值之高、文化积淀之丰厚、形制之独特、工艺之精美，在世界青铜考古史上亦属罕见。李家山精品的公之于世，大大丰富了古滇国青铜文化的内涵。

李家山是继石寨山滇王墓地之后，规模最大和出土文物最丰富的滇国时代古墓群。它与石寨山交相辉映，勾勒了古滇王国的生活面貌。云南省被定为"国宝级"的五件文物中，有四件是出自这两座文物宝库的古滇国青铜器。它们是战国"牛虎铜案"、西汉"饰四牛骑士贮贝器"、西汉"祭祀人物铜鼓形贮贝器"和东汉"铜胡人俑灯"。

饰四牛骑士贮贝器　　（邢毅摄）

人杰地灵的古滇国和滇池，孕育了郑和，影响着郑和。

话扯远了，还是让我们将时光前移六百四十年，走进郑和时代。

## 2．老子英雄儿好汉

时光往前推移六百四十年，即明洪武四年（1371年），郑和就出生于滇池南岸昆阳州（今昆明市晋宁县）一个依山傍水的村子里。

郑和，原名马和。他出生在一个世代信奉伊斯兰教的回族家庭，这个家庭有着值得夸耀的历史，因为郑和的六世先祖就是元朝任云南平章政事（省长）的赛典赤·瞻思丁。

赛典赤·瞻思丁，又名乌马儿，西北回回人，这可是个了不得的人物。赛典赤早年曾跟随元世祖的战马蹄印转战大江南北，立下赫赫战功，很受忽必烈的器重。在到云南赴任以前，忽必烈召见了他，对他说："我曾亲率大军，以革囊渡过金沙江，征服大理。过去委任治理的人都不适宜，致使那里久不安定。你是个谨慎宽厚、文武兼济的人，安抚治理那边远之地，没有比你更妥当的了。"

赛典赤本没有到过云南，受命后，遍访熟悉云南情况的人，获得了丰富的人文地理资料，然后精心绘制了一张图表呈送忽必烈，并奏明了安抚治理的设想。忽必烈一看，大喜过望，这哥们儿行，省长一职非你莫属，遂为赛典赤盛宴壮行。

当时坐镇云南的是皇室宗亲脱忽鲁宗王，他以为赛典赤到云南必定威胁自己手中的大权，便严阵以待，防备不测。赛典赤不以钦命恃强轻慢，先派长子纳速剌丁先行，以礼参见脱忽鲁，转告赛典赤的意思说："父王到云南是与宗王共议安抚治理良策，绝非替代宗王行事。父王还请宗王推举手下两亲信臣子，委任'行政断事官'要职。"脱忽鲁受到尊重又无失权之忧，便鼎力协助，"政令悉听赛典赤所为"。

赛典赤到云南首先是改革原军事统治的政权建制，开始设置路、府、州、县，并相应设总管、知府、知州、知县行政官职。在少数民族地区注意委任当地民族官员，安抚山官土司、化解民族矛盾，把武力征服、屠杀镇压视为下策，不到万不得已不用武力。

有一年，罗架甸（今元江）发生叛乱，赛典赤率兵征讨，但不以武攻，而是晓之以理。数日叛酋不降，手下一股士卒按捺不住，擅自攻打，他急令停止，怒斥说："我奉命安抚，不是奉命杀戮！"反叛酋长知情后深为感动，认为"平章宽仁，拒命不祥"，于是心服而降。又一次，几个被罢免官职的酋长，结伙到京城控告赛典赤专擅权柄，任免不公。忽必烈不相信他们的话，派人将他们押回云南交赛典赤治罪。赛典赤不但不问罪，反而宽柔为怀，晓以大义，又根据各人所长委任官职，几个人感激而又诚服，"叩头谢恩，誓死以报"。赛典赤的安抚政策产生了很大影响，使云南政治形势日趋稳定。

政治形势稳定了，赛典赤便腾出手来全力发展农业生产。他身着当地百姓的衣服，亲自带领巡行劝农使张立道深入民间征询老农对利国便民的意见和要求。他说："我想把土地分到各家各户耕种，种子、农具、耕牛借给你们，估计一亩地能打多少粮食？"众人回答说，如果这样可以一半上官粮。他想了想，说："太重了，牛死要再买，农具损坏了要再买，种子也要更换，一季收成仅余其半，一家衣食将不堪维持。"老农们又说可以三成入官仓。他仔细盘算一阵，认为还是不行，说："你等农家克勤克俭可上三成，但恐难以积蓄防备灾荒，再如婚丧嫁娶，养育子孙。在我之后为官的难说又增加其数，还是苦了下面百姓。"赛典赤最后决定每亩田上官粮二斗，并可用银钱、牛马折算缴纳。赋税大大减轻，人民安居乐业。赛典赤又把因战争而出现的大片无主荒田清理出来，或由军队屯耕，或分给百姓耕种，既增加了财政收入，又扩大了百姓的耕地面积。农业经济很快得到了发展。

赛典赤到云南不到三年已是政绩显著，法令畅通。赛典赤报朝廷批准，将云南行省治所由大理迁到鄯阐（今昆明），自此，昆明开始成为云南政治、经济、文化的中心。

云南行省治所迁到昆明后，赛典赤特别重视滇池水系的治理和建设。当时，滇池水域比现在宽阔得多，今梁家河一带、云津市场以南、官渡以西都属滇池水域。雨季水位上涨，昆明城中常常水患成灾。赛典赤和张立道一起从盘龙江源头到滇池周围进行实地考察，制定了治理滇池水系的工程规划，分上、中、下三段布置实施。上段选择鸣凤山与莲峰山之间最狭窄处修筑大坝形成水库，积蓄嵩明白邑的青龙潭、黑龙潭两股水源和雨季降水，名为"松华坝"。坝上设水闸，旱时启闸济灌万顷良田，涝时封闸减缓下游水患。中段则开挖金汁河、银汁河、宝象河、马料河、海源河等分流盘龙江水，使河道沟渠形成网络，既减轻水患又便利农灌。又在河堤上遍植树木，既稳固堤埂又美化景观。现在一些河堤上还存活着当年种植的柏树，已是七百余年的元朝古柏。下段是开凿滇池出水口（含海口），建石龙坝，降低并控制滇池水位。滇池水与螳螂川沟通，经普渡河汇入金沙江。这样，滇池水位大大降低，既减少了水患又得良田万顷。三段水利工程完成后，基本治住了水灾，也为后来的水利工程建设奠定了基础。

云南由于地处边远、交通不便，文化教育与内地相比相当落后。赛典赤除了激励农业、兴修水利、繁荣商贸外，还致力于文化教育，在城中拨地五顷建盖孔庙为学堂，传播普及汉族先进文化。

经过五年多的治理，云南社会稳定，经济发展，百姓乐业。1279年，赛典赤操劳成疾，死在昆明。昆明百姓无不悲痛，"王葬之日，百姓巷哭"。后来忽必烈追封他为"咸阳王"。

赛典赤死后十八年，他的第三个儿子忽辛到昆明任云南行省右丞。忽辛在兴办教育上政绩更加显著，他曾命州、府各邑广建孔庙做学堂，选任文学之士为师教育后生，使云南"文风大兴"。

赛典赤这个人德高望重，在云南人心目中威望很高。他死后，人们为他修建了两座纪念墓。其中一座在昆明北郊松华坝附近马耳山上的马家庵，近年曾整修。前面讲过，赛典赤在云南做了许多好事，其中最著名而且至今还在发挥效益的就是倡导修筑了松华坝水库，人们把墓址选在这里，应当是有深刻含义的。可是这地方太偏僻，不方便人们去凭吊纪念，所以后

赛典赤·赡思丁墓　（杨海涛摄）

人又在昆明东郊五里多通往滇东的大路旁修建了一座纪念碑,现位于五里多小学门口的体育场内。五里多,蒙语"宫帐"的意思,因这里原来有元代蒙古族梁王的帐幕式斋宫。有人以为是因该地距城五里多路而得名,属于误解。

赛典赤虽然死了很多年,可昆明的百姓还是想着他。于是,又在昆明城立起了一座牌坊,取名"忠爱坊"。"忠爱",即忠君爱民之意。

赛典赤的第五个儿子世居云南滇池边,袭封滇阳侯。到马和这一辈,已经是第六代了。虽然没有了昔日的富贵荣华,但名门望族的遗风仍在,马和从小就受到良好的家庭教育。

## 3．父辈的旗帜

仿佛是命中注定一样,生在滇池边的马和,从小与水有缘。他的祖父和父亲都是哈只(朝圣者),都曾到麦加朝觐过。按伊斯兰教规,凡健康状况良好、经济条件允许的教徒,不论男女,一生中至少要去圣城朝觐一次,以加深各地穆斯林间的友谊,同时获得一个锻炼意志的机会。朝觐的路途异常艰辛,要露宿山野、穿越森林,从野兽的眼皮下走过;要头顶骄阳,脚踏滚烫的沙土,在人流中艰难穿行;要跨过大江、大河,横渡大海、大洋,历经狂风暴雨、惊涛骇浪的袭击和船翻人亡的危险;还要与疾病、自己的毅力及不可预见的种种艰难困苦作斗争。在这个艰难的历程中,有的人不幸逝世,为宗教献身。被授予"哈只"头衔的人,备受人们尊敬。

当时云南及东南沿海的穆斯林,主要是乘船走海路(即古香料之路)前往天方。他们结伴离家,徒步千里,从滇南思茅出境到缅甸曼德勒,然后扬帆沿伊洛瓦底江南下,航至仰光后出海,经过数日漂泊,来到印度加尔各答,在这里等待机会换乘大船后直渡孟加拉湾,绕过斯里兰卡,然后横渡阿拉伯海进入亚丁湾,从这里或走陆路登上阿拉伯半岛,或继续走水路通过红海直行吉达港,就可到达天方。万里之遥的行程，即使在今天，用最现代的航海工具，也要走一个多月的时间，可以想象，在明代以前的交通条件下，那将是怎样的一段充满各种危险和艰辛的路程。

先辈们与恶劣环境搏斗的勇气和为信仰献身的精神熏陶着马和，祖父和父亲讲的西洋各国的山川风貌和奇闻轶事吸引着马和。他想去航海，他有一个美丽的梦。于是，才学会走路不久，他就用纸折成船，用口吹气使"船"在水上航行；五六岁时，他就模仿着周围乡亲们造船的样子，用"木块做船，碎布做帆"，使之顺着溪流漂荡；七八岁时，他跟着大人到滇池中"游水、划船、使帆"，并学习制作木船的技术。浩瀚的五百里滇池，使他的梦想插上了翅膀，也为他提供了习水训练的场所，为他后来的航海打下了基础。见马和迷上了航海，他的父母就认真教他学习阿拉伯语言文字和伊斯兰教经典，并培养他的勇气、毅力，锻炼他强健的体魄。他盼望着他的"船"，能够从滇池走向大海。

如果他的一生就这么发展下去，也许在十余年后，他就能实现自己的愿望，完成一个平凡的伊斯兰教徒的夙愿，然后平凡地生活下去。

然而，在马和十岁那年，所有的一切都改变了。

## 二、我的未来不是梦

明洪武十四年（1381年），傅友德、蓝玉奉朱元璋之命令，远征云南。明军势如破竹，仅用了半年时间就平定了云南全境，而正是这次远征彻底改变了马和的命运。

对于明朝政府和朱元璋来说，这不过是无数次远征中的一次，但对于马和而言，这次远征是他人生的转折，痛苦而未知的转折。

战后，马和与很多被俘的儿童经受了一个极为残忍的惯例——阉割。据说，朱元璋称帝后，对前朝太监并不放心，便命出征将领广收天下俊童，阉割为小太监，逐步取代前朝太监。

年仅十岁的马和正是这些不幸孩子中的一员。

我们无法想象当年的马和吃过多少苦，受过多少累，多少次死里逃生，我们知道的是，悲惨的遭遇并没有磨灭他心中的希望和信念，他顽强地活了下来，并最终成为了伟大的郑和。

度过五年颠沛流离的生活之后，马和遇到了影响他一生的两个人。

### 1．马皇后

这重要的两个人之一，就是朱元璋的原配夫人马皇后。

明洪武十五年（1382年）八月，马皇后病势加重，临终之时，将马和托付给朱元璋。她说："我观马和，忠心可嘉，勤劳可称，愿陛下将其赐予燕王。"言毕而崩，年仅五十一岁。

马皇后临终之言，朱元璋自然依允。

原来朱元璋统一天下，马皇后功不可没。因一双大脚，马皇后被称为"马大脚"。元朝末年，白莲教起义，天下动乱，父亲带着马皇后投奔濠州郭子兴。父亲死时将马皇后托付给郭子兴，郭将其收为义女，视为己出，十分疼爱。朱元璋投奔郭子兴，有智谋、有决断，作战勇敢，升为亲兵九夫长，时不时还帮郭子兴参议军机。郭子兴见朱元璋前途无量，就将义女嫁给了他。马皇后见朱元璋胸怀大志，但出身穷苦，斗大的字不识几个，就教朱元璋识字。

朱元璋成为郭子兴的得力干将，深得信赖，郭子兴之子十分妒忌，常进谗言，一时闹得朱、郭关系紧张。马皇后劝朱元璋要对郭更加恭敬，遇有俘获，必拣珍贵的敬献。马皇后亦将自己珍贵的财物献给被郭宠爱的二夫人，还谎称是朱元璋所孝敬。

一次朱元璋又惹郭子兴生气，被幽禁，还不许人给他送茶饭。马皇后便把滚烫的炊饼揣在内衣里，偷偷送给朱元璋，胸口被烫得通红。丈夫在前方征战，马皇后便组织妇女缝衣做鞋送给将士。一旦打了胜仗，就拿出手中的财物犒赏将士，将士称赞马皇后贤惠。

朱元璋在南京称帝，她被册封为皇后，时年三十五岁。她叫女官搜集历代贤女、烈女的事迹编辑成书，发行天下，教导天下女子。朱元璋的饮食起居均由她照顾。自己衣服破了不换新的，自己缝补。朱元璋说："自己有位贤惠的妻子。"群臣说："国人有位母仪天下的皇后。"马皇后却对朱元璋说道："夫妇相得易，君臣相得难。请陛下始终不能忘记群臣百姓。"

然而，鸟尽弓藏，兔死狗烹。朱元璋为防止权臣干政，数兴大狱，杀戮功臣。当时，宋濂乃明初大儒，又是太子的老师，编撰过《元史》。因牵连在宰相胡惟庸谋权案里，朱元璋要杀掉他。马皇后知人才难得，但又不好直劝，想了一个办法暗劝。

一天，朱元璋入宫用膳，发现桌上全是素菜，问是何意。马皇后说道："平常人家请先生始终是礼敬有加，宋老先生教导诸王子，十分用心。今日吃素，是为他祈福。"朱元璋一听是绕着弯为宋濂说情,本想恼怒,因是马皇后所劝,没有杀宋,只将其发配到茂州。

元宵佳节,朱元璋欲与民同乐,带着老太监和王景弘便服走出应天府,在街市上赏灯。但见其中一幅灯花上,一妇人骑着大马,怀里抱着大西瓜,一双赤裸的大脚,朱元璋一看就觉得有些不对劲。

老太监脱口说道:"这不是画的皇后娘娘吗?"朱元璋勃然大怒,大声命令老太监:"你们今晚到挂着那幅画的那条街,在家家户户门上贴上一个倒转的'福'字,明天一起算账。"说罢转身就走,回到宫里。老太监紧张地出去了。

马皇后见状,就悄悄地问王景弘:"老太监干什么去了?"王景弘答道:"圣上出去赏灯,看见一幅画,圣上说是讥讽皇后娘娘出身低微,没有裹脚,叫我等在此街家家门上倒贴'福'字,明天算账。"马皇后低声交代王景弘、马和,让他们照她的主意去办。

次日,朱元璋安排御林军去抓人,结果南京城家家门上都贴着倒转的"福"字,一个也没有抓回。百姓先听说要抓人,后来平安无事,才知道是马皇后所为,十分感动,以后家家过年便倒贴"福"字,以祈求万事如意,阖家安康。

皇后逝世,天下大恸。九月,马皇后葬于孝陵,谥孝慈皇后。

朱元璋对群臣说道:"皇后和朕同起布衣,历尽艰辛。朕每每不能忘怀当年她不顾灼伤皮肤,为朕送热食。而当朕受到郭公猜忌,几乎被置于死地时,又为朕多方周旋。朕不懂文字,是皇后边学边教,使朕懂得治国齐家平天下的道理,朕始有天下。今皇后临终,其言切切,其意诚诚,朕如何不照办?朕也不再立后。"

## 2.燕王朱棣

影响马和命运的另一个人就是明成祖朱棣。

当时的朱棣还只是燕王,是明太祖朱元璋的第四个儿子。当年,朱元璋称帝以后，即立长子朱标为太子。洪武三年（1370年），朱棣与其兄朱樉、朱棡及其弟共九人，一齐受封为王。洪武十三年（1380年），朱元璋先后命他们离京，各往所封之地，分镇全国各地。傅友德、蓝玉班师回京时，燕王已坐镇北平。北平，时称燕京，乃元朝旧都。

朱棣非马皇后嫡出，其所以封燕王，镇守燕京，是因其在太祖的儿子当中，相貌奇伟，美须至脐，形似关公，有太祖之风。智勇有大略，能推诚任人，懂军事，随太祖取天下时，战功卓著，威名远播，故深得朱元璋信任。令其坐镇元朝旧都燕京，以慑外夷，巩固边防。

当年，马皇后病逝，诸王来京奔丧，太祖朱元璋遵马皇后遗言，将马和赐予燕王。朱棣一眼就看中了这个沉默寡言却又目光坚毅的少年，并让他做了自己的贴身侍卫。从此，他跟随燕王朱棣，出生入死，征战四方，历经北方风雪、大漠黄沙，在那血流成河、尸横遍野的战场上飞奔。

是金子到哪里都会发光，马和是个注定要成就大事业的人。1398年，历史又一次眷顾马和。

## 三、是金子早晚要发光

明洪武三十一年（1398年），明太祖朱元璋驾崩，时年七十一岁。

朱元璋的逝世，为马和的人生开启了成功之门。

成就马和事业的也有两个人，一个当然是燕王朱棣，还有一个就是建文帝朱允炆。

他们两人的厮杀，将马和推上了历史的前台，这一次，马和将属于自己的命运牢牢地抓在自己的手里。

### 1．燕叔叔造反

回想当年，太子朱标病故，朱元璋本欲立燕王朱棣为太子，征询大学士刘三吾的意见。刘三吾思索片刻，说道："燕王确有圣人的文才武略，堪为太子。但历朝历代立幼不立长，后必争位。现燕王之上还有秦王、晋王，不宜立燕王。可按旧礼：长子死，立长孙。"

朱元璋采纳了刘三吾的意见，立嫡孙朱允炆为太孙。

然而，朱允炆刚生下来的时候，因为外貌有些缺陷，头盖骨又偏又歪，所以并不讨朱元璋喜欢。朱元璋曾摸着他的脑袋，叹着气说："怎么像半边月亮呢？"只是由于朱允炆聪明好学，性情宽厚，朱元璋才逐渐喜欢上他。

为了保证朱允炆能坐稳江山，朱元璋可谓费尽心力，于是，就有了历史上那次有名的对话。

一日，朱元璋领着朱允炆在皇家园林漫步。朱元璋信心满满地说："我已让你的叔叔们驻守边境，为你看家护院。边境安宁，今后你就可以安心过太平日子了。"

然而,朱允炆的回答,令朱元璋打了个寒战。

他说:"如果大臣有人起了外心,叔叔中有人图谋不轨,那谁来对付他们呢?"

这一问,朱元璋始料未及,他竟一时语塞。沉默了好一会儿,思索片刻,他顺手指着地上一根光滑的棍子,叫朱允炆捡起来,朱允炆毫不犹豫地捡在手中。朱元璋又指着地上另一根长满利刺的荆条,叫朱允炆去拿,朱允炆怕刺,左右不好下手。于是朱元璋弯身拾起荆条,用刀削去刺尖,再把它递到朱允炆的面前,这次朱允炆很顺手地接过了荆条。

朱元璋这才反问道:"你说呢?"

看着手里握着的木棍,朱允炆似乎明白了什么,若有所思地回答:"以德服其心,以礼束其行。如不行,则削其藩属之地;再不行,更换封地;再不行,只能兴兵伐之。"

朱元璋听了,默默点头。

圆满的结局也似乎只能如此。

为了太孙的社稷,朱元璋只有使用削刺之术:元勋宿将李善长、汪广洋、蓝玉、傅友德、徐达、王弼等开国大将多被朱元璋诛杀或赐死,就连刘伯温、宋濂等一帮文臣亦未能幸免。

其实,朱元璋也并没有把这个复杂的问题抛给毫无经验的孙子,他为朱允炆留下了一群人,帮助他治理天下。其主要成员有三个人,他们组成了后来建文帝的智囊团。

这三个人分别是方孝孺、黄子澄和齐泰。

之后的事实也证明,这三个人是忠心耿耿的。但三个人有一个共同特征,都是文人。虽饱读诗书,但只懂得酸涩文章,空有远大政治抱负,却并无安邦治国之能。他们只用了一年的工夫,就把燕王朱棣逼反,从而也丢掉了朱允炆的社稷江山。

洪武三十一年（1398年），朱元璋病逝，太孙朱允炆即位，是为惠帝，改年号建文，后人又称建文皇帝。

当朱元璋巨大的身影从朱允炆身上消失的时候，天真的朱允炆以为自己真的可以独自处理政事了。但这个年仅二十一岁的少年很快便惊奇地发现，他仍然看不到太阳，因为有九个人的身影又笼罩到了他的头上。

早年，朱元璋在全国各地封了二十四个儿子和一个孙子为王，这些特殊的人被称为藩王。他们有自己的王府和军队，每个王都有三个护卫。请注意，这三个护卫不是指三个人。所谓护卫是一个总称，护卫的人数从三千人到一万九千人不等。这样算一下就可以了解藩王们的军事实力。而在这些王中，势力最强盛也最让人不放心的就是燕王朱棣。

朱允炆内心充满了恐惧，他断定朱棣迟早要反。既然要反，那还不如先下手为强。

为了削减燕王的势力，朱允炆听信方孝孺一伙的建议，开始对朱棣的步步紧逼。

1398年，朱元璋病逝，诸王均要回京奔丧。朱允炆害怕朱棣借奔丧之机进京谋反，竟不许燕王进京。朱棣带马和等侍卫南下奔丧，却被挡于淮安城外，横竖不许入城，燕王只好悻悻而归。

接着，朱允炆采纳黄子澄、齐泰的建议，决定削藩。但是削藩，说时容易做时难。怎样削？又从谁下手呢？朱允炆又没了主意。

齐泰建议："燕王握有重兵，早有野心，较危险。先除掉燕王，其余诸王则不敢轻举妄动。"

黄子澄说："燕王手握重兵，稍不注意，则逼其反，不可妄动。可以先削夺其他诸王的兵权，这样就等于剪掉了燕王的手足，到那时，再除燕王则易如反掌。"

齐泰又问:"那其他诸王中,拿谁先开刀呢?"

黄子澄阴阴一笑,说:"周王、齐王、湘王、代王、岷王,这几位藩王,先帝健在的时候,就多不守法。削其藩王,师出有名,随时可以动手。周王是燕王的同母兄弟,削掉周王就等于剪掉了燕王的手足,应先拿周王开刀。"

朱允炆不置可否地摇了摇头,又点了点头。

黄子澄随即暗遣曹国公李景隆先将周王朱橚囚禁起来,又派遣按察御使陈瑛秘密探察各藩王,借机罗织罪名,予以逮捕。于是,岷王朱楩被贬为庶民,代王朱桂被治罪,齐王朱榑被囚禁于京城。湘王朱柏见四王如此下场,又听说陈瑛正秘密调查自己,自知难逃一劫,就一把大火烧了王宫,自焚而死。

此时的朱棣还在为胞弟周王求情。朱棣其实并不想造反。他想当皇帝,但他不想造反。但朱允炆的行动改变了他的命运。五六个藩王已经解决掉,事情闹得沸沸扬扬,满大街的人都知道朝廷要向燕王动手了。建文帝在解决其他藩王的时候,眼睛却始终看着朱棣,因为他也清楚,这个人才是他最为可怕的对手。为了削减朱棣的实力,他先派工部侍郎张昺接任了北平布政使的职务,然后任命谢贵为都指挥使,掌握了北平的军事控制权。之后还派宋忠率兵三万,镇守屯平、山海关一带,随时准备动手。刀已经架到脖子上了,朱棣似乎成了板上鱼肉,在很多人看来,他只能束手就擒了。

朱棣不得不反了。

## 2.一匹来自北方的狼

狗急了还跳墙,朱棣可不是狗,他是一匹来自北方的狼。朱棣为这一天的到来已经准备了很久,兵卒、武器、粮草都十分充足,他还为造反编造了一个充分的理由,宣称要出兵"靖难",清君侧。这就是历史上有名的"靖难之变"。

这场战争一打就是四年,马和一直陪侍在朱棣的左右。这场战争改变了朱棣,也改变了马和。在此之前的情形又是怎样的呢?

当身处南京的建文帝闻报,知燕王朱棣谋反,并且来势凶猛,急命长兴侯耿炳文为征虏大将军,驸马都尉李坚、都督宁忠为副将,率兵三十万北上,征讨燕王。

临行前,建文帝握着耿炳文的手说:"过去萧绎举兵入京,曾对手下部将说:'家族之内,以兵戎相见,不祥之极。'今日,你等将士与燕王对垒,务体此意,毋使朕背杀叔父之名。"

耿炳文是太祖时仅存的几员宿将之一,此番出征年届六十五岁。当年替朱元璋镇守长兴,长达十年,和张士诚对垒,身经数十次大小战役,战无不胜,其后又参加北伐、西征,屡克名城,多擒名将,深得朱元璋器重,被封为长兴侯。此次老将出马,足见建文帝是下了决心,要一战而胜,生擒燕王朱棣。

然而,似乎是天意,建文帝一句"毋使朕背杀叔父之名",竟使燕王朱棣躲过数次劫难。

耿炳文与李坚、宁忠商议,命吴杰、吴高、盛庸诸将分道开进。先头部队十三万由李坚、宁忠二人率领,主营驻防于滹沱河南岸。

此时,朱棣的部队已到滹沱河以北,两军隔河对峙。燕王深知,自己兵少,耿炳文后有增兵,且兵士大多骁勇善战,因此,此次大战要想取胜,必须趁耿炳文未到,速战速决。于是,朱棣排兵布阵,摆出不敢决战的态势,下令部队后撤。

李坚、宁忠急于立功,不知是计,急令军士渡河。然而,就在大部队尚在渡河的时候,朱棣一声令下,命其军队反扑过来,回身死战。南军这边的情形可想而知,顿时乱作一团。上岸的兵士立足未稳,渡河的兵士整个身子还淹没在河水里,突然遭此重创,溃不成军。燕王实施兵半渡而击之的战术,一举将南军击败,十三万大军死伤无数。死亡兵士的尸体一时将河道都堵塞了,鲜血染红了江水,李坚、宁忠被俘。

燕王以少胜多，耿炳文急忙退守真定城。燕王围城三日，久攻不下，只得撤兵而去。

此时，马和跟随燕王左右。燕王临战，都身先士卒，马和紧紧跟随，已是燕王的忠实侍卫。

建文帝闻耿炳文战败，不知胜败乃兵家常事，况耿炳文还坚守住真定城，只知数十万精兵竟败于燕王数万之兵，一时心急，夺了耿炳文的兵权，遂调集诸路兵马五十万，命曹国公李景隆为征房大将军，驻防真定城。

李景隆，系骁将李文忠之子，字九江，喜读书、通经典。人虽长得眉清目秀，完全是一个纨绔子弟，他哪懂带兵？他的官职完全是世袭父职得来的。此时建文帝命其替代耿炳文为征房大将军，还亲赐天犀带，并为他饯行，可见朱允炆对他的器重非同一般。李景隆受此龙恩，也决心做一番惊天事业，亲率五十万大军直奔北平，将燕京城围了个水泄不通，意在生擒朱棣。

他愚蠢的指挥"天才"，在北平围城之战中显露无遗。

此时，因永平城被北方辽兵所围，燕王亲率大军前往救援，燕京城内的确空虚，只有燕王的儿子朱高炽率三千人守护。当李景隆大军压城的时候，朱高炽号令十六岁以上的男子上城，就连燕王朱棣的徐妃娘娘亦率宫女和城中妇女搬送食粮帮助守城，闭门不战，只待援兵。

李景隆亲率兵士急攻丽正门，就在丽正门几乎失守的时候，徐妃亲率城中妇女上城墙掷瓦石抵御。李景隆看见徐妃，便心生胆怯。原来，当李景隆还是小孩时，父亲李文忠曾带他到徐达家，徐妃曾抱过他。

徐妃立在城头，冲着李景隆大声说道："景隆，你是知书识礼之人。古人说'间不疏亲'，你却把皇叔们一个个拿下，逼得皇叔们妻离子散，家破人亡。如今又来攻打燕王，你要把皇家搞得断子绝孙才好去篡位吗？你父在时，绝不会这样！"

听闻此言，李景隆面红耳赤，又不敢辩驳，只好退却，另外派兵攻取顺城门。

此时，李景隆手下有一猛将瞿能，与儿子一道，亲率一千人的精骑，攻下张掖门，直接攻入城中，与朱高炽在城中展开激烈的巷战。然而，关键时刻，李景隆却忌恨瞿能父子成功，夺了自己的功名，按兵不动，拒不增援。瞿能寡不敌众，只得退出城来。

所谓"天予不取，必受其咎"是有道理的。就在李景隆准备齐集兵力再次进攻时，老天爷出来说话了。

此时正值十一月，气温极低。聪明的朱高炽让兵士不断往城墙上浇水，北平城刹那间就变成了一座冰城。对李景隆来说，别说攻城，眼前的这个大冰砖连个搭手的地方都没有，只能望城兴叹。

## 3．郑村坝之战

就在李景隆的愚蠢和老天爷的帮忙下，朱高炽坚守住了城池，并等到了父亲的归来。

燕王知北平被围，急速率部将及降将昼夜奔驰回救。燕京城东北二十里地有个郑村坝，李景隆中军大营设于此。燕王率部驰至郑村坝不远，不知彼军情况，勒马登高而视，见李景隆大军连破七营，铁骑驰骋，五十万大军已将燕京城团团围住。城内只有朱高炽数千人马，自身所率兵卒亦仅有三万余人，如何解救？将士中已有畏惧之状。

燕王暗忖：此围不解，京城即破，世子性命难保，燕军更无所归宿。胜负在此一战！为激励士气，燕王对众将士说道："李景隆军虽五十万，兵不在多，而在将。九江只知诗书，而不曾经战；只知纸上谈兵，而不知调兵遣将。我兵虽少，却多经战阵，将士骁勇。只要冲动李景隆中军，其军必乱！城内知我来援，世子必出城与战，内外夹击，其军必败！谁敢领兵冲阵？"

众将默默,无人敢应。

机遇就这样再一次光顾于马和。马和再一次受到朱棣的赏识。

此时,只见燕王身边闪出马和,大声说道:"燕王,我愿带八百勇士前去冲阵!"燕王见有将出战,高兴地激励道:"马和,真不愧是我的侍卫,本王相信你!你带精锐八百,天黑时分,直冲中军大营,顺手牵羊,烧其营寨,我带兵将随后掩杀过来!"燕王将亲兵八百换上精良战马,交由马和带领。

天黑,马和高扬战剑,带领八百精骑,在暮色掩护下,快马加鞭,以迅雷不及掩耳之势直奔郑村坝。中军大营中,李景隆正与部将商议天明攻城,想不到燕王来得迅速,更想不到竟敢有兵直冲大营,遂未防备。

这边,燕王见状,急速率兵将掩杀而来,势如猛虎下山。守城世子朱高炽亦率兵从东门杀出,李景隆果真未经战阵,慌慌张张未及披挂,急速上马,诸将亦匆忙上马,齐向德州方向逃去。李景隆五十万大军见主帅溃逃,无心抵抗,一时军中大乱,无人抵挡。兵败如山倒,哗啦啦四散而逃。

至此,郑村坝战役以李景隆的彻底失败、朱棣的彻底胜利而告终。此战对很多人都有着重要的意义。

在这场战役中,李景隆用实际行动表明了他的无能名声并非虚传,也算是证明了自己。朱棣获得了大量生力军并初步确立了战场的主动权。朱棣的长子朱高炽借助北平防御战的胜利获得了父亲的重视和喜爱,积累了政治资本。

而马和,也因在此战中的优秀表现为朱棣所重用,并引为心腹。马和出生时父母以世道平和、平安成长之意,曾给他取名为和。由于他在郑村坝战役中立下大功,被朱棣赐姓"郑"。从此,他便姓郑名和。

## 四、谁让咱有钱

1402年,历史上的"靖难之役"以胜利告终,燕王朱棣称帝,是为明成祖。废除建文年号,次年改年号为永乐。

1405年,郑和开始七下西洋的首航壮举。

其实,朱棣安排郑和出海有着深层次的目的。

### 1. 不能说的秘密

史书上记载,"成祖疑惠帝亡海外"。郑和出海的目的之一就是寻找建文帝。

建文帝生死不明,朱棣心里不踏实,成天琢磨这事。他的帝位来得不正,所以成祖继位之后的第一件事就是把大谋士方孝孺给抓起来,削藩的主意都是方孝孺他们一伙出的。

朱棣对方孝孺说:"我现在做了皇帝了,先生你给我写继位诏书。"

方孝孺断然拒绝。

成祖说:"这是我们家的事,你管得着吗?你这个人那么死心眼!我们都是姓朱的。反正也轮不到你姓方的当,你效忠谁不是效忠?你干这个是周公佐成王。"

方孝孺问:"成王安在?"

成祖说:"成王给烧死了。"

方孝孺又说:"何不立成王之子?"

成祖答道:"国赖长君。"

方孝孺又逼问道:"何不立成王之弟?"

成祖想了想,说:"此乃家事。"而后又加了一句:"你就给我写诏书吧。"

结果方孝孺写的是"燕贼篡逆自立"。成祖把他鼻子给割了,割了之后让他再写，再写还是"燕贼篡逆自立"；割了耳朵再写，还是"燕贼篡逆自立"。

成祖说："你不怕我灭你的九族吗？"

方孝孺说："像你这样的篡位之贼，就是你灭了我十族，我也这么写。"

次日，午门外，方孝孺高吟绝命词："天降乱离兮，孰知其由？奸臣得计兮，谋国用犹。忠臣发愤兮，血泪交流。以此殉君兮，抑又何求！呜呼哀哉，庶不我尤！"吟罢，即遭凌迟，时年四十六岁。其十族亦灭。原来成祖将方孝孺的学生、朋友也一齐诛杀。诛灭十族，这是朱棣的一大发明。

经过四年的"靖难之役"，燕王朱棣打败建文帝，成为明成祖。但建文帝被打败之后怎样逃脱了他叔叔的追杀，又逃到什么地方，成为历史留下的一宗千古悬案，民间流传着各种各样的说法。

在云南的民间流传着许多建文帝隐居的传说，还留下他的一些遗迹。

相传明太祖朱元璋临死前留下遗诏，传位给长孙朱允炆，并留给他一只神秘的大铁箱。燕王攻进金川门时，眼看皇位就要失去，建文帝抽出佩剑就要自刎。危急关头，一个太监闪出，忙报：高皇帝曾让子孙遇难之时打开铁箱，何不立即打开看看？铁箱打开，只见里面放着一把闪着寒光的剃刀和一套紫色袈裟。原来，老谋深算的朱元璋早就为蒙难的孙子想好了应急的脱身之计。这段传奇在《新纂云南通志》中也有记载："建文四年时，燕王棣举兵南伐，有内臣出高帝遗命，得度牒三。曰：应文、应贤、应能，即僧服如之。于是帝与御史叶希贤为应文、应贤，吴王教授杨应能为应能，并为僧。编修程济为道人。"

《新纂云南通志》还记载：建文帝"遂从复道出"，骑上白龙马向城外逃去，一路来到长江边。他手蘸江水握着剃刀削了发，把白龙马拴在大黑石上，就沿着万里长江逆流而上，"历游吴、楚、黔、粤，入滇，居永昌白龙山。复结庵于鹤庆浪穹间，又驻锡武定狮子山"，传说是狮子山龙隐寺的方丈收留了他，让他护花浇水。在武定狮子山的龙隐寺大殿旁有棵茶花树，据说就是建文帝亲手所植；寺内珍藏着一套丝织的黄色袈裟，相传就是建文帝的遗物。

史料上说，朱允炆在云南时，行踪飘忽不定，"多潜行筑寺"。滇东北的巧家、会泽、曲靖、嵩明、武定构成了故事的传承线，也与传说中建文帝的逃难路线相吻合。传说建文帝落难云南，很爱题咏诗文，武定狮子山留有他写的一首诗，诗中写道："漂泊西南数十秋，萧萧白发已盈头。乾坤有恨家何在，江汉无情水自流。长乐宫中云气散，朝元阁上雨声收。新蒲旧柳年年绿，野老吞声哭未休。"只可惜他的大部分遗迹都已散失，唯有武定狮子山仍完好地保存着他的遗像。传说他于八十余岁坐化寿终，葬于昆明的西山，人称老佛。

话说回来，当年皇宫一把大火，说明朱允炆并不想退位，但又死活寻不到他的踪影，建文帝的存在始终成为朱棣的一块心病。活要见人，死要见尸。他派人四处察访，后听说建文帝蹈海而去，朱棣便派郑和出使西洋寻查暗访。这样身负秘密使命的政治出访，虽然没有寻找到朱允炆的踪影，却成就了郑和七下西洋的壮举。


## 2．穷得就剩下钱了

除了寻找建文帝外，郑和还肩负着威服四海、胸怀远人的使命。

自燕王发动"靖难之役"成功，至荣登皇位，战争仅限于长江南北，并未波及全国。得益于朱元璋重视农业、休养生息等诸多国策的实施，明朝是中国历史上又一强盛时期。到了他儿子明成祖朱棣的时代，明朝的经济、军事实力就发展到鼎盛时期，史称继汉、唐以后最为强盛的时代。有学者认为，明代工业产量占世界三分之二。钢铁产量历来是重工业的重大指标，明永乐年间铁的实际产量约为十六万吨，与十八世纪初整个欧洲铁的总产量相当。

据德国学者贡德·弗兰克《白银资本》一书中提出的数据，中国明代远洋船舶吨位达到一万八千吨，占世界总量的百分之十八。中外学术界公正地指出，当时中国已具有占全球财富总量三分之一的经济实力。据估算，明朝帝国 GDP 占到了世界的 30%，在当时世界上的经济地位相当于今日之美国。

中国强盛，海外归心，友邦来朝，万国景仰，这大概就是历代皇帝们最大的梦想吧。史书上记载，朝鲜、中山、北山、山南、暹罗、占城、爪哇、日本诸国均频频来朝进贡。

史书上也记载："欲踪迹之，且欲耀兵异域，示中国富强。"

遵循这一思路，明朝也常常派使出外探访，这就是"勤于远略"、"协和万邦"、"招怀远国"。谁让咱中国有钱啦，出去显摆显摆。

现在，朱棣将把一件历史上从来没有人做过的事情交给郑和来完成。

历史将记住这个日子，永乐三年六月十五日（1405 年 7 月 11 日），郑和从苏州府刘家港起航，开始了中国历史上最伟大的远航征程。

## 五、郑和号航母舰队

我们用郑和号航母舰队这个词语来称呼郑和的船队,一点都不夸张。

明朝时的中国曾经是全球独一无二的航海大国。郑和下西洋时代的明朝拥有其他国家望尘莫及的远洋舰队。

1974 年泉州出土的宋代时期的海船,长三十米,水线长二十六点五～二十七米,宽十点五米,型深四～五米,排水量约为四百～四百五十吨,其中平衡舵和大型铁锚已得到使用,保障了船只的远洋航行。这无疑是当时世界上最大的海船了。阿拉伯旅行家伊本·拔图塔就在自己的游记中记载:中国船像"移动的城市一样"巨大。早在宋代,中国远洋海船已直达红海和东非。

明朝初年,明朝廷的工部都水司在长江中下游和东南沿海各卫都设有造船和修船的船厂,其中以南京的龙江船厂和直隶的清江船厂规模最大,是建造郑和下西洋大型远洋船的主要厂家,由工部都水司直接派员管理,属皇家直属船厂。

《明成祖实录》记载了永乐元年至十七年(1403 年～1419 年),造海船数达二千七百三十五艘,仅永乐三年就造了一千二百七十三艘。性能最为优良的是"福船"。《明史·兵志》这样形容道:"福船高大如楼,可容百人,底尖,其上阔……其桅二道……"可见船势之宏伟。明朝出使的"封舟"亦为在"福船",规模可观,做工精良。

据史料记载,当时郑和的船队中最大的船叫宝船,与明朝最大的"封舟"近似。这船到底有多大呢?长四十四丈四尺,宽十八丈。而这艘船的帆绝非我们在电视上看到的那种单帆。让人难以想象的是,它有十二张帆!"篷帆、锚、舵,非二三百人莫能举动。"它的锚和舵也都是巨无霸型的,转动的时候需要几百人喊口号一起动手才能摆得动。南京市在二十世纪五十年代曾经挖掘过明代宝船制造遗址,出土过一根木杆，这根木杆长十一米。问题来了，这根木杆是船上的哪个部位呢？

鉴定结果一出来，所有的人都目瞪口呆。这根木杆不是人们预想中的桅杆，而是舵杆！所谓舵杆只不过是船只舵叶的控制联动杆。经过推算，这根舵杆连接的舵叶高度大约为六米左右，也就是说，这条船的舵叶有两层楼高！

这种宝船就是郑和舰队的主力舰，也就是我们通常所说的旗舰，排水量约为二千～三千吨。而当时的西方，最大船只的排水量也不过一千五百吨。十五世纪威尼斯拥有一艘一千五百吨的船，船员一千二百人，但只能在地中海沿岸航行，而郑和船队利用指南针和"过洋牵星"技术开辟了最早的横越印度洋航线。

除了主力舰外，这支舰队还配有专门用于运输的马船，用于作战的战船，用于运粮食的粮船和专门在各大船只之间运人和补给淡水的水船，整个舰队共有舰船二百零八艘。

这是郑和船队的情况。那么他带了多少人下西洋呢？"将士卒二万七千四百余人。"

郑和公园中的仿宝船建筑　（周明清摄）

舰队航行时排列的队形如下：

以"明"字号船为中军帐，以宝船三十二艘为中军营，环绕帐外；以坐船二十艘分前、后、左、右四营，环绕中军营外；各种运输补给船又环绕中军营；最外围则是以战船环绕。整个舰队犹如展开的鸟翼，首尾相顾，依次保护，互为依托。

所谓郑和号航母舰队，确也实至名归。

从这个阵势看，这支舰队无论如何也不像是去寻人或是办外交的，倒是很让人怀疑是出去找碴儿打仗的。但事实告诉我们，这确实是一支相当和平的舰队。

这支远洋舰队，出海航行有着一套自己的语言系统：白天航行认旗帜，夜晚航行看灯笼。夜晚，各船均挂灯笼。郑和旗舰平时主桅杆悬挂一盏大灯笼，前引战船平行悬挂两盏灯笼，左护卫船前后桅杆各悬挂一盏灯笼，右护卫船大、小桅杆各悬挂两盏灯笼，殿后战船一高一低各悬挂一盏灯笼。

夜行中遇有急事，看旗舰灯火行事。旗舰竖起五盏灯笼，意思是设疑兵之计，各船立即在船尾左右各立一盏灯笼，前桅上加挂两盏灯笼，使敌误为船多，不敢贸然进犯。同时，整个舰队各船又配置四十面大铜锣，一百面小锣，十面大更鼓，四十面小鼓。战时擂鼓助威，鸣金收兵；平时传递号令与信息：前进、后退、举炊、休息、集合、起碇、扯篷、升帆、抛锚等，按天气变化情况与旗帜指挥互为补充使用。

此外，舰队配有舟师，他们识地理，用指南针测量南北方向为船队导航。

郑和出使西洋使用的是罗盘，又叫做水罗盘，即在木盘中央盛水，将带磁性之针穿在木鱼上面，浮于水中，盘面分三百六十度，再取八天干（戊、己不用）、十二地支、四维卦位名称标出二十四个方位。木鱼头对正北，尾对正南，无论怎样变化，均是如此。识得南北即辨东西。为确保其准确性，配之以牵星术，观测星斗，以定方向。

过洋牵星板的使用：天空中恒星不动，而不同纬度看星球有高低之分，观测其高低，可分辨船只在海洋中的位置。常使用的星座有：北辰星、灯笼骨星、华盖星、织女星、北斗星、布司星等。过洋牵星板乌木为之，用牵引绳线从板正中央串拉成一条线。最小一块板边长二厘米，等于一指宽，每块增二厘米，至第十二块即最大，边长为二十四厘米，叫十二指。十二板块串成一线。舟师测量星座高低时，一手执木板，一手牵线绳拉直，眼睛沿线向牵星板看去，将木板上边对准星体,下边对准海平线,使用几指的木板恰好与海平线和星体之间的高度相符,星体高度指数就是多少指,大体如此。

郑和七下西洋,属于中国历史上空前的主动外交,其目的只有一个,要你奉正朔,即使用永乐年号。知道不,现在已经是我朱棣的天下。只要你奉正朔,看见我这船上没有,银子、绸子、瓷盘、瓶子,随便拿!中国使臣在那儿宣旨:"奉天承运,皇帝诏曰……"人家酋长跪在地上直犯嘀咕:"你们皇上是老大?狗屁!真主安拉才是老大。"但是抬眼一看,哇噻!船上正往下搬东西呢。酋长心头直乐,得,你们皇上是老大。郑和来一趟,各国抢着向中国进贡。中国向来是礼仪之邦,怀柔远人。你给我进贡一芒果,我还给你一捆绸子,拿去用。谁不来啊?

郑和下西洋,是明成祖这样独一无二的君主促成的非常之举。他的目的不是发展海外贸易,只是为了出海显摆,七下西洋,六百万两银子花出去,明朝的国库被挥霍一空。你看人家哥伦布、达·伽马,什么都没有,哥儿几个凑钱,弄一艘小破船。据说当年哥伦布的旗舰"圣玛丽亚"号,长度不足二十四米,排水量仅为一百来吨。达·伽马的旗舰"圣加布利尔"号较大,但排水量也只有约四百吨。哥儿几个就是摇这样的小舢板,带回来一个拉丁美洲,充分体现了出海的价值。

其实,中国人海权意识、海外资本意识的欠缺,始自古代。所以,明朝中叶以后,私人海外贸易受到严厉管制,寸板不得下海。你不下海,别人来了,日本人来了(那时候叫倭寇)。

曾经,中国被列强由海上肆无忌惮地入侵,却忘了自己曾经也是海上强国。在郑和航海四百三十五年后,我们这个在海洋上曾经发现世界、领导世界的国度竟然沦为被奴役的半殖民地!而这一切也始于明朝……

当然,这些都是后话。

## 六、海上陶瓷之路

1405年7月11日,郑和带领当时世界上最庞大的船队,乘着性能最良好的宝船,朝着前人未走过的航向,开始了七下西洋的壮举。

此后至明宣德八年(1433年)的二十八年间,郑和七下西洋,远航十万里,南至爪哇,北至波斯湾和红海的麦加,西至非洲东岸的加迪沙,共开辟了四十二条航线。近年在埃及开罗艾资哈尔清真寺附近和黎巴嫩一带,发现不少明代瓷器。1955年,在非洲肯尼亚以南、坦桑尼亚沿海一带发现四十六处古遗址,出土大量中国瓷器。日本考古学家亦在印度洋沿岸多处发现中国古代瓷器,并将这条航道称为"陶瓷之路"。欧洲国家称中国为"瓷器之国",与"陶瓷之路"当然分不开。

郑和一行历次出使,每到一地,均首先向当地国王或酋长宣读诏敕,其次则对其王、妃、臣、僚等加以赏赐,如前述之金币及锦绮纱罗等物,以后当地国王或酋长或有所贡纳。最后,郑和一行将所带货物交换当地土产。

郑和曾到过爪哇、苏门答腊、苏禄、彭亨、真腊、古里、暹罗、阿丹、天方、左法尔、忽鲁谟斯、木骨都束等三十多个国家,并有可能到过澳大利亚。

### 1. 第一次下西洋

**爪哇事件**

郑和的船队向南航行,首先到达了占城(今越南南部),然后他们自占城南下,半个月后到达爪哇(印度尼西亚爪哇岛)。此地是马六甲海峡的重要据点,但凡由马六甲海峡去非洲,必经此地。在当时,这里也是一个人口稠密、物产丰富的地方。当然,当时这地方还没有统一的印度尼西亚政府。

郑和的船队到达此地后，本想继续南下，但一场悲剧突然发生了，船队的航程被迫中断，而郑和将面对他航海生涯中的第一次艰难考验。

事情是这样的。当时统治爪哇国的有两个国王，他们相互开战，最终西王战胜了东王。东王战败后，国家也被灭了。正好此时，郑和船队经过东王的领地，西王手下的人杀红了眼，也没细看，竟然杀了船队上岸船员一百七十多人。

郑和得知这个消息后，十分意外。手下的士兵们听说这个巴掌大的地方的武装居然敢杀大明的人，十分愤怒和激动，跑到郑和面前，声泪俱下，要求就地解决那个什么西王。

然而郑和却没有下达这样的命令。他深知，如果现在开战，自然可以取得胜利，但那样就会偏离下西洋的原意。更严重的是，打败爪哇的消息传到西洋各地，各国就会怀疑舰队的来意，出使西洋的使命也就真的无法达成了。

郑和力排众议，制止了部下的鲁莽行为，派出使者前往西王驻地交涉此事。

事实证明，郑和的决断绝不是懦弱，而是明智的。当西王知道自己的下属杀掉了大明派来的舰队船员时，吓得魂不附体，立刻派出使者去郑和处反复解释误会，并请郑和进宫，设宴款待。

郑和讯明情况，知道这是一场误杀，又鉴于西王惶恐请罪，便强忍悲愤，禀明皇上，终于化干戈为玉帛，和平处理了此事件。

事后朱棣称赞了郑和顾全大局的行为。自此之后他们年年自觉地向中国进贡。

第一次下西洋，出师不利。

**古里建碑**

第一次下西洋的终点是古里，就是今天印度的科泽科德，位于印度半岛的西南端，是一个重要的中转站。早在洪武年间，朱元璋就曾派使者到过这里，而此次郑和前来，却有着另一个重要的使命。

由于古里的统治者曾多次派使者到中国朝贡，并向中国称臣，所以在永乐三年（1405年），明成祖给古里统治者发放诏书（委任状），正式封其为国王，并赐予印诰等物。当然了，古里人不一定像中国人一样使用印章，但既然是封国王，总是要搞点仪式意思一下的。

可是诏书写好了，却没那么容易送过去，因为这位受封的老兄还在印度待着呢，所以郑和此次是带着诏书来到古里的。他拿着诏书，以大明皇帝的名义正式封当地统治者为古里国王，从此两国关系更加紧密。此后郑和下西洋，皆以此地为中转站和落脚点。

这里物产丰富，风景优美，人们和善大度，友好热情，这一切都给郑和留下了极其深刻的印象。于是，郑和带领属下和当地人一起建立了一个碑亭，并刻上碑文，以纪念这段历史：

其国去中国十万余里，民物咸若，熙皞同风，刻石于兹，永昭万世。

### 旧港擒捉海寇，打通交流要道

再说郑和舰队返航途中，驶近旧港（三佛齐，今属印度尼西亚），却遇到了海盗的抢劫。

海盗头目叫陈祖义，广东潮州人，洪武年间因为犯罪逃往海外。后来，他逃到了三佛齐的渤林邦国，在国王麻那者巫里手下当上了大将。等国王死后，他召集了一批海盗，自立为王。就这样，这位陈祖义成了渤林邦国的国王。

陈祖义有了兵（海盗），便经常在马六甲海峡附近抢劫。郑和的船队浩浩荡荡地开过三佛齐时，刚好碰到陈祖义。郑和对此人也早有耳闻，便做好了战斗准备。然而陈祖义却企图以假投降麻痹郑和，然后突袭郑和旗舰，打乱明军部署，各个击破，趁机洗劫船上财物。

然而，陈祖义的这点花花肠子却没能瞒过郑和的眼睛。为了能够将陈祖义一举擒获,郑和设下三步棋。首先,选派使臣登岸,向陈祖义晓以大义,劝其改恶从善;其次,只身赴陈祖义设的鸿门宴,进一步探察虚实;第三,诱敌深入,设计全歼。

为了能生擒陈祖义,郑和又暗设三个连环套,一为战阵中擒获;若不成功,陈祖义败逃巢穴,则由先已混入城中的特遣小队实施捉拿;如果陈祖义再次漏网,则必然投奔友邦,而友邦首领暗中早已被郑和成功策反,必能生擒陈祖义,送返郑和。

利令智昏的陈祖义对郑和的计谋全然不察。为了圆满完成这次打劫任务,陈祖义四处寻找同伙,七拼八凑之下,居然也被他找到了五千多人,战船二十余艘。于是他带领属下踌躇满志地向明军战船逼近,准备打明军一个措手不及。

午夜时分,陈祖义召集人马,亲率五千余海盗,驾小舟百余艘,人不准出声,水不准弄响,悄悄向郑和船队靠近。是时,海雾弥漫,海浪声声,后船不见前船,前船不见后船,只微微听得划水声响。对这声音这些海盗自是熟悉,循声尾随前进。

陈祖义将其船队分为六标,一标以抵防郑和前哨船,一标以抵防后哨船,两标以抵防左右两哨,又留一标于外,作为策应,自己则带二千余人为一标,直冲郑和帅船。进入郑和船队海面,只见中军大营有红灯一笼高挂,其余一片漆黑;耳听得各船上有轻微的鼾声,并无其他异状。即至靠近帅船,想郑和并未发觉,陈祖义自以为得计,心中大喜,发声喊,各船一顿绳索上抛,套在帅船上,刚欲沿绳索上攀,只见帅船上处处红灯高照,霎时船船点起灯笼,照得上下一片通红,所有海盗船被照得明明白白。

陈祖义自知中计,还作困兽斗,亡命地沿着绳索攀缘而上。郑和下令"擂响战鼓,齐放弩箭、火铳"。霎时间,锣鼓齐鸣,万箭齐发,火铳齐喷,真个是铁砂如雨,箭如飞蝗,众多海盗纷纷坠落海中,还未上得船来,已被射杀大半。这些海盗被打得丢魂落魄，喊爹叫娘，只恨爹娘少生两只翅膀，不能飞逃，只得掉转船头夺路逃生。可惜为时已晚，郑和令无数战船从四面八方包抄过去，海盗船几乎全被网在其中。

陈祖义像一只掉入陷阱的恶狼，慌忙将剩余船只聚拢来，号叫着，妄图撕开一个裂口，归巢负隅顽抗。怎奈船只过小，无法冲出郑和巨舰的围困。这一夜，直杀得海水通红，尸横如木。清点战绩，斩敌首领十名，斩敌匪三千，另俘获近千人，敌船百余只。而此次行动的组织者陈祖义也被活捉。

永乐五年（1407年）九月，郑和光荣完成使命，回到了京城，受到了朱棣的热烈欢迎和召见。

此时，陈祖义成了一个有用的人。由于他本就是逃犯，又干过海盗，为纪念此次航海使命的完成和清除海盗行动的成功，朱棣下令当着各国使者的面杀掉陈祖义，并斩首示众，警示他人。

这次创造历史的远航虽然没有找到建文帝，却带来了一大批西洋各国的使者。这些使者见证了大明的强盛，十分景仰，纷纷向大明朝贡，而朱棣也终于体会到了君临万邦的滋味。

郑和首航，还到了占城国（今越南南部）。郑和及其军士教会了当地人制作、使用耕耘工具，教其引水、灌溉之法，使其改变了刀耕火种的原始耕作方式。因为这里属亚热带气候，郑和又向当地人传授了稻秧分植法。原来这里水稻一年一熟，使用稻秧分植法后一年可有三熟。生活上，郑和教当地人学会了制作豆腐、豆腐皮、豆腐干。占城人生产豆制品即始于此。占城国王见到中国赐予的铜钱后，就准备设立铸钱工场，郑和派出专人帮他们雕刻钱模，传授其炼铜和沙铸技术，此后，占城国始有铜钱使用。

## 2．第二次下西洋

此次出使，主要访占城、爪哇、满刺加（今马来西亚之马六甲）、暹罗（今泰国）、锡兰山（今斯里兰卡）、加异勒、柯枝（印度西南岸的科钦）、古里等地。

**调解邻国纠纷，促进国际和平与安宁**

第二次下西洋（1407年）时，郑和一行由占城来到暹罗。暹罗在隋唐时称赤土国，宋代称罗斛国，元代分为暹、罗斛两国，后罗斛吞并暹国，称为暹罗斛国。洪武四年，太祖皇帝派使臣前往该国诏谕；洪武十年，该国国王参烈照毗牙派遣其子来朝，太祖赐予大统历和"暹罗国王之印"。自此，称其为暹罗国。

郑和于永乐六年到达暹罗，他此行的目的主要是化解国际矛盾，解决邻国之间的纠纷。原来，在此之前，占城国前往明朝的舟船在返国途中，被风浪吹至彭亨（今马来西亚）一带，暹罗国王扣留了贡使，并向其索取财物。而稍早些时候，苏门答腊及满剌加又向明成祖告状，说暹罗国王以老大自居，仗势欺人，派兵夺取了明朝赐予他们的大印和诰书。

明成祖一听，龙颜大怒，降旨批评暹罗国王说，占城、苏门答腊、满剌加与你暹罗的国王都是大明朝任命的，你们的政治待遇都是一样的，行政级别是相同的，你怎么能扣留前来明朝进贡的使臣，夺走中央政府赐予他们的诰印？你什么意思？想造反吗？我告诉你，门儿都没有，还轮不到你呢！赶快给我放人，把中央的委任状还给人家，好好给我待着，别给我惹事！稳定压倒一切，保一方平安，共享太平盛世。"奉天承运，皇帝诏曰"，郑和对着暹罗王将明成祖的诏令这么一念，暹罗王自知理亏，伏地称罪，赶忙照皇帝的诏令一一办理，不敢有丝毫闪失。暹罗原为满剌加等国之宗主国，所以敢恃强凌弱，自此，痛改前非，保持了这一地区的和平与安宁。

在暹罗，郑和派人传授了烧制陶器、晒盐、凿井、开垦梯田等先进技术，使暹罗国受益匪浅。当时，暹罗国许多人身体发红，奇痒无比，向郑和求药。郑和将船上所带中药投于水中，令其水浴，不多时辰，全都康复。泰国盛产一种树木——榴莲树，其树大如盖，实大如柚，剖开，肉颗颗如鸡蛋，色白有核，其香味浓烈，一般人不敢吃。恰值此国瘟疫流行，无药以救，请求郑和施药。不知郑和是怎样知晓的，教其食榴莲果，结果瘟疫全消。于是，国王下令建造一座郑和庙，雕塑了一尊七米长的巨大的郑和卧像，让国人顶礼膜拜。

**布施锡兰山佛寺**

在第二次下西洋中，郑和在访问了东南亚一些国家后，自苏门答腊顺风十二昼夜到达锡兰山。

这锡兰山，为古代僧伽罗国，在印度半岛之南大海中，扼太平洋与西亚欧非海上之要冲，是东西航线必经之道。这里是佛教祖释迦牟尼传教及涅槃之地，公元三世纪曾是佛教文化中心之一，故为佛教之都。

锡兰山海边有座山，人称佛堂山，山脚下有一磐石，石上印有一个足迹，长约三尺，据说为释迦牟尼登岸时留下的。其凹陷很浅，中间积水却四季不干，人们用此水洗面拭目，据说可减少眼疾，使眼睛更明亮，故大家认为此水为佛水，叫做"佛水清静"。山脚左侧有座卧佛寺，内有佛爷真身，其寝座为沉香木制成。旁边有佛牙及舍利，相传为释迦牟尼涅槃处。凡是该国信仰佛教之人，都到这里焚香以求吉祥，香火旺盛无比。

郑和衔命来使，为了加深与当地人的感情，增进相互了解，当然应有表示。于是他对锡兰山佛寺进行了布施，并立碑勒文，以垂永久。此碑于1911年在斯里兰卡的迦里（Galle）镇被发现，今保存于斯里兰卡国家博物馆中，系用汉文、泰米尔（Tamil）文及波斯文所刻。今汉文尚存，其他两种文字已大半漫漶。此碑不仅为郑和下西洋这一壮举之实物见证，也是中斯两国友好关系史上的一件珍贵文物。

## 3．第三次下西洋

第三次下西洋在1409年。

### 在满剌加建立官仓

满剌加在南北朝时称顿逊国,唐时称哥罗富沙,明时只有围绕吉隆坡的部分地方,东北有吉兰丹、彭亨,南有柔佛、东西竺,分立为诸多小国。朱棣即位时,曾遣使臣尹庆出使,赐其金织文绮、锁金帐幔等物。其当时还未称国,附属暹罗,年年向暹罗奉献黄金四十两。尹庆到来,当地首领拜里迷苏剌大喜,遣使随尹庆入朝,献方物。朱棣封拜里迷苏剌为满剌加国王,赐诰印、彩币、袭衣、黄盖,始为国。据明史记载,满剌加使者对朱棣说:"王慕义,愿同中国列郡,岁效职贡,请封其山为一国之镇。"而"帝从之。制碑文,勒山上,末缀以诗",诗句中有"王好善义思朝宗,愿比内郡依风华……大书贞石表尔忠,尔国西山永镇封"等句。朱棣又命中官尹庆前往,刻石立碑于满剌加西山上。郑和第三次下西洋,特至此国。

闻知大明使臣到来,满剌加国王大为欣喜,连忙召集文武众臣齐来恭迎。此时,正值满剌加国干旱,国王离王府二十余里,大汗淋漓,亲自前来桥头迎接。

这里有一条河直冲入海,河中水不是很深,只有二三尺深浅,但看河流的水印痕迹,便知过去从上游流下的水是很大的。国王在河上建起一座宽大木桥,建亭二三十间,作为买卖货物的交易场所。郑和随国王等人跨桥而过,民众主动地让出一条通道。见来了这么多的中国人,众人不由得停住交易张望。但见这里男子用方帕包头,女子梳髻于脑后。交易货物时以斗状锡块为货币,每块重一斤八两,每十块缚成一把,四十块扎为一大把,甚是沉重。人民多以捕鱼为业,与其说是捕鱼,不如说是叉鱼。这条河中,水清鱼肥,桥下便见许多的百姓立在水中央用木杈叉鱼,稳而准,一杈下去,一条尾活生生的鱼便稳稳地钉在杈头上。此地产一种沙孤树,其皮如葛根,捣碎澄粉作丸,即为饭。因而此地多交易鱼产品及沙孤树丸,其他交易不多。

郑和见这里捕鱼方式较为原始,人们乃用木杈、铁叉等器械在水中叉鱼,甚是困难,所捕之鱼,肚皮皆烂。他陡然想起了儿时在云南昆阳老家见渔民们在滇池岸边捕鱼的方法——扳罾。

于是,郑和请国王派人找来数根竹竿,数团绳索,叫人将绳结成网状,把两根竹竿烘烤后握弯,搭成十字弧形,将网结于竹竿四头,捆绑上一粗壮之竹于十字中心,再配一长绳。一行人将网抬至河边,放网入河,粗壮竹竿的另一头和长绳一头于岸摆放。

这里水清见底,鱼儿较多,在水中来来往往,上蹿下跳,看得见鱼儿进入网中。稍许,郑和用长绳拉起渔网,二三尺长的鱼儿在网中跳跃,拾于筐中,装了整整一竹筐。

国王大喜,立即传令:国人捕鱼,当学会扳罾,并在此处留下一碑:"三保公('三保'也作'三宝',为统一,全书除引文外,用'三保'。编辑注。)扳罾处"。其国人学得此法,甚为欣喜,即叫此法为"郑和扳罾法",流传至今。

此时,郑和见那上游有百十余人从河中打水背走,细一打听,方知近来国中大旱,这河水已浅,流不进城里去。城里无水,百姓背水到城中使用。

郑和即对满剌加国王说:"待回城中,我再教国王一法,三天之内必使国王尝水,城中用水不愁,百姓也不必受此劳累之苦。"

国王当即深表感谢。感激的话说了,回到城中,国王心里却在犯嘀咕:城中十年来屡次大旱,土干水缺,已是常事,从未见哪里来水。郑大人说即可见水,哪里能得? 不会是虚妄之言吧!

第一日没有消息,第二日也没有动静,第三日,国王正等得有些心焦,欲使人去问,只见郑和派人来说:"请国王陛下前去尝水。"国王带领群臣半信半疑地来到一块空地。

空地中已被郑和的兵士们挖了一个大坑。

原来,第一天郑和相中了一块地方,令将士将船上大锅找来四口翻扣于地,说道:"明天来看。"第二天早上,四周干燥燥的,郑和命人翻开大锅,只见四口锅面上珍珠大的水珠明明晃晃。郑和即命将士:"打井。"

照着郑和说的办法,几十个兵士轮番挖井,约深至五米处,已见土的四壁有水在浸出,再往下挖,水汩汩而出。见此情景,郑和仍叫将士再往深处挖,挖至十米处,以便蓄水。

约莫半天工夫,一口直径三米、深十米的水井打成,水深五米,只是还未清澈。兵士将这浑浊的水用木桶打了倒掉,井中的水又汩汩涌出,这次出来的就清澈多了。

国王来到坑边,往下一望,不深不浅,只见坑中已积蓄了很多水,而且清澈无比。

国王仍半信半疑:水倒是有了,却不知是淡水还是咸水?

郑和当即命人打水让国王品尝。

兵士打起一桶水,国王用椰子壳瓢舀水送到嘴边一尝,当即激动地抱住郑和道:"好水,好水!郑大人真乃神人也!我满剌加国人当永世不忘大人的大恩大德!这口井,就用大人小名,叫'三保井'吧!"

郑和说道:"我非神人。在我家乡昆阳,一般百姓人家都能打井,这实是很普通的事情。"

国王高兴地说道:"我要亲自打一桶水尝尝。"说着拿起桶和桶绳就要打水。郑和说道:"陛下,这水你是打不起来的。"

国王满不在乎地说:"明明见得着水,怎么你的兵士打得起,我就打不起?"

郑和开玩笑地说道:"国王陛下,不信你就试试看。"

果然,国王左手拿着桶绳,右手将桶放下去,只见桶漂在水面上,就是不进水。国王不停地抖动桶绳,左摆右拽,水就是进不了桶里。国王急了:"怪事,这水欺我。"于是将桶提起来,猛地放下去,只听"扑通"一声,国王满以为是桶中进水了,殊不知却是桶底掉了。众人哄堂大笑。于是,郑和又将家乡村民们井中取水的方法传予满剌加国的百姓。

时至今日,这口井仍保存完好。

为感谢郑和传授捕鱼、汲水之法,国王赠与大明朝名贵香木——沉香。而郑和亦宣读中国皇帝诏敕,赐其国王双台银印、冠带袍服。

鉴于中满两国的密切关系,而满剌加地处南洋与印度洋要冲,是海上必经之地,且郑和一行须遍访诸国,势需分宗前往。于是郑和在此设转运基地,建立仓库,设置矮墙及大门、更鼓楼,让前往爪哇等国以及分遣至暹罗、忽鲁谟斯等国买卖货物的船舶,都到此停泊,一切钱粮、各国国王所赠之物均存放于仓库中,待返回时,一并装载入船运回中国。此基地对下西洋之贸易番货、待时回航等各方面都起到了重要作用。

**锡兰山王的废立**

锡兰山一带是郑和航海至西域远国的要道,地理位置十分重要,所以郑和第一次下西洋即曾试图以和平方式解决锡兰山问题。然而,直到郑和第二次出使,还是未能解决这一问题。他觉得这个问题不解决,是难以打通往远方西域各国的海路的。于是,回国后,郑和向明成祖汇报了这一情况。在成祖的支持下,郑和旋即受命"再往锡兰山"。在永乐七年三月,明成祖朱棣发布命"郑和第三次出使西洋"的命令的同时,授给郑和敕谕海外诸国的诏书,其中特别强调了"尔等祗顺天道,恪守朕言,循理安分,勿得违越;不可欺寡,不可凌弱"。这意思说得很明白,你们要好好听我的话,正确处理好国与国的关系问题,遵循互不干涉内政原则,不可恃强凌弱。

此次出使,郑和面见亚烈苦奈儿,直言相陈:你就守住你那一亩三分地得了,别再惹事。这亚烈苦奈儿一向狂妄自负,自我感觉非常良好。他自称锡兰山为"本域大国",眼中从无他国,也不把大明朝放在眼里。听朱棣这么说,亚烈苦奈儿不干,这哪成啊!他说,你朱棣算老几? 大老远跑这儿来撒野,我才是这地方的老大！台面上的事儿我得管，跟你们大明朝没关系，你郑和就别费口舌了，回去吧，我可没工夫听你在这瞎掰！就这样，亚烈苦奈儿不仅不接受明朝政府的宣谕，反而"令其子纳言，索金银宝物"，为郑和所拒绝。于是，亚烈苦奈儿即召集文武官员前来商议对策。

国王的族弟、国师等都劝亚烈苦奈儿说，前番郑和船队到来，已广为布施我佛教寺宇，深得人心。况且大明舟师兵多将勇，郑和足智多谋，你一个山代王，与之为敌，无异于以卵击石，后果不堪设想，还是快快投降归顺吧。

亚烈苦奈儿的儿子、三军总司令等人却力主一战。他们信誓旦旦，说，郑和布施，乃小恩小惠；中国有句古话，强龙压不住地头蛇，郑和水军长途奔袭，已是人困马乏，我军以逸待劳，以一当十，有什么好怕的？这正好显显我锡兰山国威风，也让那投靠大明之辈见识见识。

亚烈苦奈儿本是好战之徒，鼠目寸光，经那愣头青儿子这么一激，更不知自己几斤几两了，笼裙一摆，气壮如牛地说："此战一胜，本域各国还不对我俯首称臣？哪容得下大明国到此指手画脚！"

于是，亚烈苦奈儿就阻塞了郑和船队进出的主海道，并派出五万水军（实际上没那么多，也就是说出来唬人的数字），欲以武力抢劫郑和舰队，并加害郑和。

中国有句古话：来而不往非礼也。在这种严峻的情势下，郑和对众下令："贼倾巢而出，国中必虚，何况他们以为大明水军远离本土，孤单胆怯，不敢应战。那我们就出其不意，攻其不备，必可得志。"

想那亚烈苦奈儿也是脑袋进水，他也不掂量掂量，郑和十几岁就跟随朱棣南征北战，出生入死，什么样的仗没打过？没点儿本事，能做到明朝远洋舰队统帅？你那点家底，郑和早已摸得一清二楚了。

此战的结果是：永乐九年（1411年）六月乙巳（16日），郑和由海外返京，向明成祖朱棣进献所获战俘——锡兰山国王亚烈苦奈儿及其家属。

朱棣对亚烈苦奈儿等被俘人员采取了宽大优待的政策，让他们暂时住在中国。同时，礼部按朱棣的旨意，在亚烈苦奈儿的亲属中选择了亚烈苦奈儿的族弟，比较贤能的耶巴乃那为锡兰山新的国王。新国王的继承问题得到了妥善解决。

永乐十年七月丙申（13日），明成祖朱棣派遣使者带着诏书和诰印前往锡兰山，宣谕大明朝的谕书，亚烈苦奈儿亦同时被遣送回国。

这次军事自卫行动，对于那些恃强凌弱的国家起到了极大的震慑作用。

**回家**

西洋归来，郑和向成祖请假，回了老家一趟。

郑和的父亲马哈只，于明朝洪武壬戌年七月初三在战乱中逝世，享年三十九岁。马哈只死后，由郑和的长兄马文铭奉柩于昆阳州宝山乡和代村（即现在的郑和公园内）。此次回家，郑和特意去父亲的坟前祭拜。

马哈只墓地及马公墓志铭碑是郑和故乡遗留至今最珍贵的遗迹，是研究郑和最珍贵的文献史料，郑和第三次下西洋凯旋回国，于公元1411年11月回到故乡这段经过就刻记在马哈只墓碑背面右上角。据载，永乐三年（1405年）端阳节前，郑和在都城请礼部尚书兼左春坊大学士李至刚撰写父亲碑文，专门托人从南京带回家乡，嘱兄刻石为碑，并重修父亲坟墓。此碑现立于昆阳郑和公园内马哈只墓前，碑为红砂石刻成，高约一点六米，宽约零点九三米，碑头顶帽呈半圆形，上有篆刻"故马公墓志铭"六字，碑四周刻有花纹，碑脚压一大砂石龟，碑文间有剥蚀，原文

云南省晋宁县郑和的父亲马哈只墓　（周明清摄）

如下：

### 故马公墓志铭

公字哈只，姓马氏。世为云南昆阳州人。祖拜颜，妣马氏。父哈只，母温氏。公生而魁岸奇伟，风裁凛凛可畏。不肯枉己附人。人有过，辄面斥无隐。性尤好善，遇贫困及鳏寡无依者，恒保护赒给，未尝有倦容。以故乡党靡不称公为长者。娶温氏，有妇德。子男二人，长文铭，次和；女四人。和自幼有材志，事今天子，赐姓郑，为内官监太监。公勤明敏，谦恭谨密，不避劳勚，缙绅咸称誉焉。呜呼！观其子，而公之积累于平日与义方之训，可见矣！公生于甲申年十二月初九日，卒于洪武壬戌七月初三日，享年三十九岁。长子文铭奉枢安厝于宝山乡和代村之原，礼也。铭曰：身处乎边陲，而服礼仪之习；分安乎民庶，而存惠泽之施。宜其余庆深长，而有子光显于当时也。

**永乐三年端阳日资善大夫、礼部尚书兼左春坊大学士李至刚撰**

兄弟二人在父亲坟前，触景生情，讲讲祖父事、父亲事，哺育之恩永生难忘。按伊斯兰习俗祭拜完毕，郑和想，此次扫墓之后，也许难有时日再来，何不留下数语以记？于是即与兄长商议，在碑之背面亲书，由兄找人刻之记事。所刻内容为：

马氏第二子太监郑和，奉命于永乐九年十一月二十二日到于祖冢坟茔祭扫追荐，至闰十二月吉日乃还记耳。

郑和一生没有结婚，他的长兄马文铭将长子马恩来过继给他为子，跟着郑和姓郑。经过五百多年，现在云南玉溪、南京、苏州、北京、兰州、上海、无锡和东北等地区以及泰国等一些国家有他的第十八代、第十九代、第二十代后裔。

## 4．第四次下西洋

### 维护区域和平，苏门答剌平乱

苏门答剌（今斯里兰卡），北临大海，南靠大山，是从南海通往印度洋的海上东西交通要道，也是郑和船队分遣远航的基地之一。前番，郑和船队已在这儿设了转运基地，即临时贸易站，储存船队和与各国之贸易物资。

此次西洋之行（1413年），除了贸易往来外，郑和还有一项重要任务，那就是平定苏门答剌国内的战乱。

原来，苏门答剌西面与那孤儿国接壤，那孤儿国地方很小，只有千余户，田少，多耕种山地，米粮稀少，头领和族人都是自耕而食，偶尔也猎物而食，不强夺偷盗。其国男子都面部刺青，图案如虎，或如豹，青面獠牙，故又名花面王国。

一日，花面国王率族人上山打猎，为追捕一只受伤的花鹿而误撞了苏国地界。苏门答剌国王恰巧也追捕猎物至此。双方为争猎物，互不相让，便动了手，结果，混战中，苏门答剌国王被花面国族人施放的毒箭击中，当天深夜便不治而亡。

王后大怒，向全国颁发命令："国中之人，无论是谁，能打杀那花面国王，为先王报仇者，即为我夫，立为王，我与他共管国事。"

一天，两天，因惧怕花面国的毒箭，宫中大臣无人响应，宫外也没有人前来领受命令。王后深感失望："堂堂苏门答剌国，兵士上万，将过百人，竟无人敢面对小小花面国，为先王报仇，实为可叹可悲！"宫中文武大臣皆低头不语。

就在此时，有一渔翁直闯王宫，面见王后，声言若能满足他的三个条件，必能杀灭花面国。这三个条件是，第一，全国之兵马要由他来统率；第二，要放权，即允许他对不服从命令的将士有斩首的权力；第三，王后不能食言，事成之后，做他老婆。

报仇心切，王后当然一一应允。

操练数日，渔翁率数千精兵直扑花面国而来。

花面国拼死抵抗，无奈对手人多势众，前面一排步兵伏箭倒下，后面的马队紧紧跟进，如海之波浪，一浪接着一浪，小小一场战役，双方伤亡三千余人。渔翁砍下花面国王首级，下令斩杀花面国人，灭其国，然后得胜收兵。

王后一面将花面国王首级祭奠先王，一面不负前盟，举行了盛大的庆典仪式，嫁给渔翁，并扶渔翁上了王座，让先王子尊称他为义父。

永乐七年，渔翁王遣使向明王朝进献贡物，求明王朝承认其王位。

永乐十年，先王子锁丹罕难阿必镇长到十八岁，已是成人，渔翁王却未把他列为王子，而是把自己的儿子苏干剌定为王位继承人。先王子当然不服，遂与将领串通，在一场宫廷酒宴上，杀死了国王而袭其王位。混战中，苏干剌杀死母后，趁乱逃至山中，纠集势力，挑起内乱，要先王子还其王位。无奈之下，新国王只得派人跑到南京，找朱棣哭诉求援，这是永乐十一年的事。

于是，朱棣下令郑和四下西洋，其重要目的之一，就是解决苏门答剌国内争端。由于有此项重任，此次舰队中派出的将领也较前几次多。

郑和舰队到达苏门答剌时，二王子交战正酣。新国王有了大明水军的相助，自然底气倍增，士气大涨。

听说郑和舰队的到来，苏干剌暗自思量：这锁丹罕难阿必镇竟然请得大明皇帝相助，猝不及防，把我杀得大败，这也是我失算，不曾赶在其前，求得大明王国承认，此时悔之晚矣！可他又想：我终不能束手待毙，你有大明舟师相助，我何不求助于邻国？父王在时，南渤里国与我交谊甚厚，可请其援助。于是，苏干剌悄悄潜出大营，连夜投奔南渤里国，向国王求救。

苏干剌也是个有能耐的人物，其父为国王时，也结交得一些国家，关系甚为亲密的是旁边一岛国，名曰南渤里国。其国不大，方圆仅有千里；人口不多，就四五万人。可南渤里人善于驯兽，驱兽如同戏马。南渤里国王曾受恩于渔翁王，苏干剌一说，凭着一时之勇气，国王当即表态：我国曾得先王救助，滴水之恩当涌泉相报。小王子可先行，我亲率大军前来，与大明舟师决一死战。苏干剌感激涕零，称谢而去。

这南渤里国王不食言，他排下的犀牛阵就让明军水师吃了大亏。这日对阵，上百头犀牛不顾死活，黑压压地冲了过来，见人一角，见马也是一角，把人挑飞，把马撞倒。明军哪见过这阵法，阵前一片混乱。这犀牛刀砍不入，箭射不进，如入无人之境，把个大明军队和小国王队伍冲得一败涂地，兵士非死即伤，哭声阵阵，尸横遍野，未死的逃的逃、奔的奔，郑和水军吃了大亏。

战况报到郑和处，他略一思忖，一套成熟的作战方案便在他脑中形成，众将士按他的命令一一行事。

改日又战，明军见犀牛到合适的距离，一通鼓响，火炮、火铳齐发，箭矢、铅弹如雨点般射出，又有那火枪齐齐喷出火焰，烧向那犀牛。犀牛哪见过这阵势，打死的打死，打伤的打伤，烧着的烧着，未死的全撒腿往回就奔。明军紧随犀牛其后，趁势冲向苏干剌的队伍。南渤里国王控制不住犀牛，阵式被冲乱，兵卒被犀牛挑死、撞死及犀牛带来的火焰烧死烧伤，兀自地喊爹叫娘，狼狈而逃，乱成一片。

苏干剌的五千兵士被明军水师一举歼灭，苏干剌被活捉。至此，苏门答剌内乱平定。

### 忽鲁谟斯国建立远航基地

郑和平息苏门答剌内乱后，即便起锚前往南渤里，放回国王，斥责其不分是非援助苏干剌的行为是助纣为虐，于是另择贤者任国王。随后郑和一行进到阿鲁国，这个家曾于永乐九年遣使同古里等国来献方物，成祖赐寇带彩币。这次郑和再加抚慰，国王十分欣喜，此后更于永乐十九年、二十年遣子及使臣前来京师聘问。离开阿鲁，舟师直航加异勒，颁赠礼物，这是一个小国。之后，宝船经过印度半岛南端，转上西岸，又聘问了古里，这是第四次访问，郑和与国王已是老熟识，更显亲密。

郑和前三次出洋，都是以古里为终点，而此次出访，按成祖旨意，需要拓展海外领域，结交更多友邦，于是郑和告别国王，继续向西行驶。

宝船向西北，越过阿拉伯海，到达波斯湾口的忽鲁谟斯（霍尔木兹海峡以北）。这个国家在今伊朗东南米纳布附近，临霍尔木兹海峡，扼波斯湾出口处，自唐宋以来就是一个繁盛的商港，当时称之为西洋大国。

郑和舟师到达该国，国王亲率朝臣相迎。郑和赐给国王锦绮、彩帛、纱罗，国王回赠金叶表、宝马及方物。忽鲁谟斯国都城傍海倚山，各国船只及陆路客商都到此商港赶集买卖。其国人，男子鼻高，黑而有髯，女子白皙，出门白纱障面；国王及百姓都信奉伊斯兰教，每月礼拜五次，沐浴把斋，谨守教规。

为一睹西洋大国的旖旎风光和了解当地的物产民情，在国王的陪同下，郑和来到市内。这里果然十分繁荣，商店鳞次栉比，商品琳琅满目，各地客商会聚交易，肤色各异，语言不同，大都带着翻译或打着手势在交谈着。双方交易使用的是用银子铸成的钱，直径一寸六分，正反两面都有花纹图案，重官秤四分，当地人称为底那儿。

这里店铺生意红火，尤其是饭店，尽见老老少少到饭店饮食，出出进进，好不热闹。郑和问其原因，国王答道："国中人饮食中用酥油和饭，店铺中出售烧羊、烧鸡、烧肉、藻饼、哈里撒等各样面食。三四口人家多不举火，只买熟食，富者肉类，贫者面食，故而生意兴隆。这里只有饭店，没有酒馆，伊斯兰教忌饮酒，饮者犯死罪。"

这是一个文化较为发达之国，文武医卜，胜过他处，各种技艺表演亦多，有演羊戏者、耍猴者，都十分机灵有趣，犹如京师之地，足见其繁华富足。这里有羊三种：大尾绵羊重七八十斤，而尾重却达二十余斤；狗尾羊，壮如山羊，尾长二尺余；还有一种斗羊，形如绵羊，角弯转向前，善斗，好事者养育角斗为戏，是为羊戏。

他们走到市中心，见广场上围着一群人，近前一看，是在玩杂耍。只见人群中央空地上，立着一根木杆，约一丈多长，木杆顶端只能容纳羊的四脚站立，木杆两侧用绳索固定。杂耍艺人牵来一只白色的小山羊，两手拍掌，嘴里念念有词，羊就随着拍掌的节奏蹦跳起舞，然后走近木杆，沿着绳索所系的坡道而上，先将前面两只脚搭定杆头，再将后面两只脚纵立杆上。艺人再取来一根同样长的木杆，竖在第一根木杆旁边，羊就照前次的动作，在两根木杆之间来回蹦跳，犹如跳舞，显得惊险有趣，围观众人纷纷叫好。

这一套节目演完以后，艺人又取来五六段木头，叠起来也有一丈多高，令羊爬上顶端。待羊在顶上站定，杂耍艺人突然将木头推倒，羊从空中而降，在场观众大吃一惊，只见艺人用双手把羊接住，使羊落入怀中。艺人又一声口令，羊从艺人怀中猝然倒在地上，装出一副要死的样子，艺人命令它伸前腿它就伸前腿，命令它伸后腿它就伸后腿，按令行动，好像人一样，赢得观众阵阵掌声。小山羊表演完了，艺人又牵出一只大黑猴，先让黑猴表演各种引人发笑的动作，接着随便请一名观众近前，将手帕层层折叠，紧蒙住猴的双眼，再请另一名观众悄悄地上前拍一下猴头，然后回到观众群中。这时将蒙在猴子眼睛上的手帕除去，要它寻出拍它头的人。猴子居然在众多人群中，一下子将该人找到，真令人称奇！

除此之外更有奇异者。离都城不远处，有一大山，四面产物各不相同：一面出红盐，坚硬如石，凿取成块，磨细食用；一面出红木，红如银朱；一面出白土，白如石灰；一面出黄土，黄如姜黄。这些都可卖与各国客商，贩运远方。郑和在国王陪同下，前往观看。

基于忽鲁谟斯国的繁盛、文化的发达以及与国王结下友谊，郑和在此建立了一个远航阿拉伯及非洲国家的基地。

**远航非洲之角**

告别国王，宝船由波斯湾转向西南，绕行阿拉伯半岛，聘问祖法儿（阿曼西南部沿岸的佐法尔）、剌撒、阿丹（今也门民主共和国之亚丁）等阿拉伯国家。这些国家都信奉伊斯兰教，文化较发达，民风淳厚。

之后宝船离开阿拉伯各国，东向折南，开始沿着辽阔的非洲东岸向前探访。

先行到达木骨都束国，即现在非洲东北部索马里首都摩加迪沙。该国地居海滨，垒石为城。国人佩带刀箭，用石头砌成四五层楼房。男子卷发四垂，腰间围布；女子头发盘于脑顶，两耳挂着几串络索，颈项戴银圈，圈上的璎珞垂于胸，出门用青纱遮面，足穿皮鞋。这里的人民善养驼、马、牛、羊。此次郑和持敕书及币帛到，国王率从人迎接。尔后国王遣使与不剌哇、麻林（今肯尼亚的蒙巴萨）等国奉表到中国，明成祖赠给丰厚的礼品，国王、王妃甚为感动，至宣德年间，曾四次遣使到中国。

**麻林国遣使贡"麒麟"**

郑和第四次下西洋的任务是通好阿拉伯及非洲东岸各国。郑和船队由占城至爪哇、锡兰山、古里、忽鲁谟斯、祖法儿、阿丹、木骨都束、不剌哇等国后，即前往访问了麻林国。

永乐十三年（1415年），麻林国因郑和使团的来访，遣使来中国贡献"麒麟"（长颈鹿），这在当时被认为是体现了明初对外政策已初步实现的重大事件。麻林国遣使来中国贡献"麒麟"，是郑和第四次下西洋所取得的一个重大成就，显示出郑和使团首次对东非沿岸国家所进行的访问取得了圆满的成功。永乐十八年，麻林国国王率妻子及陪臣来朝献方物，在福州病卒，葬于福州。

麻林国遣使贡"麒麟"这件事的影响可说是深远的，至永乐十九年春，为庆贺明王朝迁都北京，朱棣大宴群臣，颁发诏书，大赦天下。当时，忽鲁谟斯、阿丹、祖法儿、剌撒、不剌哇、木骨都束、古里、柯枝、加异勒、锡兰山、溜山、南渤里、苏门答剌、满剌加、甘巴里、苏禄（菲律宾苏禄群岛）、榜葛剌、古麻剌朗等近二十国国王前来朝贺。这是明成祖武功文治大功告成的一次声威显赫的盛会。各国知朱棣喜欢"麒麟"，视其为吉祥之物，故而纷纷争献，就连榜葛剌不产"麒麟"，亦从别国购来相献。

一时间高大的"麒麟"满京城都是，让北京原住人口大开眼界。人们纷纷观睹，京城几被挤破。成祖大为高兴，即令群臣或赋或诗礼赞，朝中文臣及翰林院学士，就连武将们也附庸风雅，或文或诗歌之。著名书画家沈度将这一盛会用绘画的方式记录下来，叫《瑞应麒麟图》。后清人陈璋按沈度原图临摹，长一百一十八点三厘米，宽四十六点五厘米。

结束了对麻林国的访问，郑和又访问了比剌、孙剌二国。这是宝船此次到达非洲最远的地方，其地理位置在今马达加斯加岛对岸，接近南非。

**榜葛剌进麒麟图** （杨海涛摄）

郑和等人访问非洲开创了一条横渡印度洋的航线。返回到满剌加时，满剌加国王逝世，由王子母干撒干的儿沙嗣位。郑和说服新国王与爪哇协商，让爪哇归还所侵土地，两国互为邻邦，不记前仇，永不相犯。新国王便率妻子随宝船前来中国。

永乐十三年七月初八，郑和凯旋京师，历时两年左右。

## 5．第五次下西洋

时有来朝住京城的古里、爪哇、满剌加、占城、锡兰山、木骨都束、溜山、南渤里、不剌哇、阿丹、苏门答剌、麻林、剌撒、忽鲁谟斯、柯枝、彭亨诸国及旧港宣慰司的使臣请辞回国。朱棣念他们远道来朝，悉赐锦衣、纱罗、彩绢等物，于永乐十四年十二月初十，仍命郑和准备敕书，送使臣回国。公元1417年，郑和由南京龙江关开航。在福建长乐汇齐宝船，驶到泉州府出航。此次出航，除护送各国使者回各自国家外，没有特殊的任务。

**在柯枝国封山勒铭**

柯枝国自南北朝、隋、唐以来，常遣使中国。柯枝国东是大山，西临大海，南北滨海，是古代印度半岛重要的商港。永乐年间，中国与柯枝之间的关系有了较大的发展。永乐十年，"郑和再使其国，连二岁入贡，其使者请赐印诰，封其国中之山"。于是明成祖趁郑和第四次出使之际，赐柯枝国王可亦里印诰，正式封他为柯枝国王，并封其国中之山为镇国山。此次郑和再次出使，明成祖命其至柯枝国时封山勒铭，刊碑以志其事。碑文由朱棣亲自撰写。当年的碑刻迄今尚未发现，但碑之文字内容在多种中国史籍中都有记载，是郑和第五次下西洋的一份珍贵的历史文献。

**苏禄国王来华访问**

永乐十五年（1417年）八月，苏禄东国酋长八都葛叭答剌、苏禄西国酋长麻哈剌吒葛剌马丁、故苏禄峒酋长之妻叭都葛巴剌卜各率其亲属及随从，组成多达三百四十余人的使团，奉金镂表来朝贡，且献珍珠、玳瑁、宝石等物。这是继渤泥、满剌加国王来访之后，又一个海外国家的首脑人物亲自率领使团来中国进行友好访问。这次访问，也是苏禄国对郑和使团来访所进行的一次回访。他们在中国吃住了一个多月才回去。

**郑和与麻将**

身为中国人，如果说不知道麻将，不会"修长城"，那也遭周围人窃笑。麻将与中国象棋、围棋一样，是中华民族独创的三大娱乐工具之一，其传播范围之广,影响之大,可以说是家喻户晓,妇孺皆知。但知道麻将与郑和有关的人就不是很多了。

传说郑和七次下西洋,率领数万将士,组建了当时世界上规模最大的船队。在常年的航海过程中,许多将士面对茫茫大海,百无聊赖,单调枯燥的生活使将士备受思乡之苦,精神萎靡不振,甚至积郁成疾。郑和看了非常着急,他想制作一种娱乐工具,给将士们解除烦闷。

这时,有一个精明过人的麻将军灵机一动,想到做一副牌,既可观赏又能让四个人同时玩。他向郑和禀报后,郑和非常支持。他就带人到山上砍竹子,将竹子锯成长两寸、宽一寸的竹片,再把从非洲和阿拉伯国家带来的犀牛角、象骨、象牙制成与竹片一样大小的方块,以竹片做背,犀牛角、象骨、象牙做面,用燕尾锥将两者镶合,在面上镂刻成"万、筒、索"。

为了迎合将士思乡的心理和航海的实际,设置了"中",代表中原大地,由于中国的帝王一向偏爱红色基调,故特意将"中"字设置成红色;航海的目的名义上是经商,故竹牌刻上"发"字,以迎合大家的发财心理;发多少财?"一万"、"二万"、"三万"……"九万";"筒"是船上装淡水的圆桶;"索"是船上扯帆的大索、绳缆;船队历经无数个"春夏秋冬",当然也观赏到了各地的"梅兰竹菊";船队在海上航行,将士们整天看到的都是一片白茫茫的大海,故竹牌中设置了"白皮";因船队最关心的是风向,故竹牌刻了"东"、"南"、"西"、"北"风。麻将军把牌给郑和过目,并说明牌的玩法。郑和看后十分满意,对麻将军大加赞赏,问取个什么名字,麻将军谦恭地说,名字请郑大人取。郑和想来想去,最后一拍大腿说,就叫"麻将军"吧。后来,将士们图说着顺口,干脆叫成了"麻将"。

这种新式竹牌一学就会,很快就在将士中推广开来。将士们萎靡不振的状况也随之一扫而光,郑和也为找到了排遣将士们郁闷和思乡烦恼的办法感到很开心。

当然,传说毕竟只是传说,权当下西洋的花絮。

### 6. 第六次下西洋

在明成祖朱棣的支持下,郑和于1421年开始了他的第六次西洋之行。

**在阿丹国采办珍宝**

阿丹国,正当红海南口,是古代西亚重要的国际贸易港口,从古里国西行,顺风二十二昼夜可至。永乐十四年(1416年),其因郑和船队来访,曾遣使奉表来中国贡方物;使者归国时,明成祖又命郑和赍敕及彩币,偕往赏赐。阿丹国气候温和宜人,土地肥沃,不但适于多种农副产品的生长,也利于各种珍禽异兽的繁衍,所以其国物质资源颇为丰富。阿丹国的手工业和商业也较发达。郑和使团对阿丹国进行了友好访问,对阿丹国的物产、手工业、商业贸易等状况,都作了比较详细的了解,知道这里是进行国际贸易和采办珍宝较为理想的场所。永乐十九年(1421年),郑和船队的一支分宗在内官周某的率领下,到阿丹国对国王及大小头目开读诏敕,进行赏赐,然后开展贸易活动。

**与祖法儿国人贸易**

位于阿拉伯半岛东南海岸的祖法儿国,自古便是著名的商埠,各国商贾云集。在郑和前几次出使其他国家时,曾经到过此国。但由于不是正式奉使到该国,故未能扩大两国间的贸易往来。永乐十九年祖法儿随同阿丹、剌撒等国来华入贡,所以明成祖命郑和正式赍玺书,对祖法儿国王进行宣谕赏赐,以为报答。郑和船队和祖法儿人民进行了十分广泛的贸易活动,主要是着眼于纻丝、瓷器等生活用品,交换乳香、血竭、芦荟、没药之类的香料和药物。

经过郑和的努力,西洋各国与明朝建立了良好的关系。虽然彼此之间生活习惯不同,国力相差很大,但开放的大明并未因此对这些国家另眼相看,它以自己的文明和宽容真正从心底征服了这些国家。

## 七、最后的归宿

在前六次航程中,郑和的船队最远到达了非洲东岸。他们拜访了许多国家,包括今天的索马里、莫桑比克、肯尼亚等国,这也是古代中国人到过的最远的地方。

大家可能注意到了,上面我们只介绍了郑和六下西洋的经过,却漏掉了第七次,这并不是疏忽,而是因为第七次远航对于郑和而言,有着极为特殊的意义,就在这次远航中,他终于实现了自己心中最大的梦想。

在这第七次航行前,一场突如其来的变故,差点让郑和的梦想化为泡影。先是永乐二十二年(1424年),最支持他航海活动的朱棣去世了,洪熙元年(1425年)五月,即位不满一年的仁宗皇帝朱高炽因病而亡,年仅四十八岁。太子朱瞻基从南京火急火燎地返回北京,于同年六月即位,是为明宣宗,次年改年号为宣德。你想想,不到一年工夫,换两位皇帝,大家心里那个乱啊,都忙着争权夺位,谁也没心思去理睬这个已经年近花甲、头发斑白的老人和他那似乎不切实际的航海梦想了。

朱瞻基生于洪武三十一年(1398年),出生的那天晚上,他的皇祖,当时还是燕王的朱棣做了一个梦,梦见太祖皇帝朱元璋赐他一个大圭(大圭是权力的象征),大圭上镌着"传之子孙,永世其昌"八个大字。朱棣从梦中醒来时,宫中太监马和报说孙子朱瞻基降生了,朱棣大为高兴。

朱瞻基自幼聪慧,喜爱读书,长得像祖父朱棣一样英武,又具备了父亲朱高炽的睿智。成祖即位后,立其父为太子,封其叔朱高煦为汉王。汉王不服朱高炽。一次,在谒太祖陵途中,太子朱高炽因身体肥胖,行走不便,虽有两内侍搀扶,还是滑了一跤。汉王讥讽道:"前人失跌,后人知警。"谁知话音未落,身后就有人应声道："更有后人知警也。"高煦回头一看，是皇太孙朱瞻基，不由得大惊失色。

永乐十一年端午节，成祖与徐妃、长子高炽、长孙朱瞻基在后花园吃粽子，望着池塘中一泓波澜不惊的清水和天上冉冉升起的月儿，成祖问长孙："何为端午节？"朱瞻基答道："楚国大夫屈原有才气、有抱负，因屡屡上谏楚王图强，楚王不听，于五月初五日忧愤跳汨罗江而亡，留下了'路漫漫其修远兮，吾将上下而求索'的千古绝唱。后人故在端午日包粽子抛于江中，让江中鱼不食屈大夫之体。为纪念他，是为端午节。"

成祖满意地点点头，又意味深长地说："今华夷之人毕集，朕有一联，尔又当思对之：'万方玉帛风云会'。"想不到朱瞻基不假思索当即对道："一统山河日月明"。成祖鼓掌大笑："妙！妙！太孙志向高远矣！他日之太平天子也！"于是特命"靖难"之役的大功臣、佛学大师姚广孝为他讲习经书。

朱瞻基已登基即位，此时天下太平，国泰民安。郑和想，目前虽不能下西洋，但总不能在南京无所事事。于是他上奏宣宗皇帝，续建大报恩寺，建造琉璃宝塔，绘制西洋航海图。朱瞻基准奏。

自开建大报恩寺至其续建工程全部竣工，郑和用了十九年时间，费用二百四十八万五千四百八十四两银子，参加营建的军匠夫役达十万之众。建成的大报恩寺当时与灵谷寺、天界寺并称金陵三大佛寺。

郑和被冷落了，永乐皇帝已经去世，远航也就此结束了吧！上天还能给予郑和实现梦想的机会吗？

让人没想到的是，宣德五年（1430年），宣德帝朱瞻基突然让人去寻找郑和，并亲自召见了他，告诉他：立刻组织远航，再下西洋！

朱瞻基为什么要重新启动航海计划呢？在此引用他诏书上的一段话，大家看了就清楚了，摘抄如下：

"朕祇嗣太祖高皇帝、太宗文皇帝、仁宗昭皇帝大统,君临万邦,体祖宗之至仁,普辑宁于庶类,已大敕天下,纪元宣德,咸与维新。尔诸番国远处海外,未有闻知,兹特遣太监郑和、王景弘等赍诏往谕,其各敬顺天道,抚辑人民,以共享太平之福。"

原来,这位新科皇帝经过几年时间,稳固了皇位,终于也动起了君临万邦的念头。

宣德六年（1431年）十二月,郑和又一次出航了。

他回望了不断远去而模糊的大陆海岸线一眼,心中充满了惆怅和喜悦,但郑和想不到的是,这次回望将是他投向祖国的最后一瞥,他永远也无法回来了。

宣宗皇帝决定遣郑和再次出海的消息传至琉球,躲藏在礁岛的倭寇为之一颤:大明国重建水师,无与伦比,今日郑和雄师出海,不能与之相匹敌。故而急忙远遁,龟缩于岛,竟然十余年不敢扰我沿海。直至看看明王朝有些衰落,他们才又贼心不死,频频到江浙、福建一带烧杀抢掠,方引出嘉靖年间戚继光抗倭的故事。

再说此次船队所到地方甚多,范围最广,几乎走遍了南海、北印度洋沿岸地区、阿拉伯半岛和非洲东岸诸国。

在停止下西洋期间,满剌加国王巫宝赤纳来到北京,向明宣宗朱瞻基陈诉:暹罗国王阻止满剌加国来中国访问,并欲加害该国,请求明朝廷遣使阻止其欺凌行为。这个暹罗国反复无常,欺大压小,制造事端,宣宗让巫宝赤纳一行搭乘郑和宝船回国,同时令郑前往暹罗宣读诏书,化解两国纠纷。看见郑和到来,暹罗国王不敢怠慢,热情接待,并表示愿意服从大明王朝的诏谕,不再与满剌加国为敌。巫宝赤纳与其国王握手言和。郑和船队随即与巫宝赤纳回到满剌加。

离开满剌加,经苏门答剌,因风不顺,宝船在翠兰屿（尼科巴群岛,安达曼海中）停留了三天。翠兰屿处热带气候区,居民巢穴为居,男女光头不留发,上不穿衣,下用树叶遮蔽,故而又名裸人国。郑和到来,赐予布帛和衣棉,于是此地之民穿上了衣物。

三天后，风顺水顺，郑和分派一只船队由副使太监洪保带领，前往榜葛刺，郑和的宝船则驶向锡兰山。

榜葛刺属东印度，国最大，为释迦牟尼得道之所。该国气候常热，四季如夏，人民勤于耕织，稻谷一年两熟，米粒长，多红色；出产波罗蜜，果大如斗，甘甜香美；家禽家畜及医卜阴阳、百工技艺多与中国相似。土产以细布居多，有叫筚布的，其布白细如粉笺；有叫姜黄布的，其布细密结实；有叫白勒搭黎的，布线稀疏，即纱布；有叫沙塌儿的，如三梭布……只见该国城郭环绕，都市繁华，人口众多，人民淳朴善良，富庶人家多出国经商。国王赛勿丁派员千余名前来迎接洪保，并在金碧辉煌的王宫举行了隆重的欢迎仪式。只见宫殿两旁排列着长长的马队和象队，洪保由手持银杖的官员迎接，再由手持金杖的大臣引导相陪，去拜见国王。

洪保向国王宣读宣德帝的诏书，并令手下人抬进丝绸、布匹、瓷器、茶叶等物赠予国王。国王赛勿丁大喜，即令回赐金盏、金瓶等贵重礼物，王宫里洋溢着热烈友好的气氛。

郑和的船队越过马六甲海峡，将消息传递给各个国家，然后穿越曼德海峡，沿红海北上，驶往郑和几十年来日思夜想的地方——麦加。

伊斯兰教有三大圣地，分别是麦加、麦地那、耶路撒冷。其中麦加是第一圣地，伟大的穆罕默德就曾在这里创传伊斯兰教。穆斯林一生最大的荣耀就是到此地朝圣。

不管你是什么种族、什么出身，也不管你坐船、乘车还是走路，只要你是穆斯林，只要有一丝的可能性，就一定会来到这里，向圣石和真主安拉吐露你的心声。

郑和终于来到了这个梦想中的地方，他终于触摸到了那神圣的圣石，他终于实现了自己的梦想！

这是一次长达五十余年的朝圣之旅。五十年前，梦想开始；五十年后，梦想实现。这正是郑和那传奇一生的轨迹。

朝圣之后,船队开始归航。使命已经完成,梦想也已实现,是回家的时候了。但郑和却再也回不去了。

长期的航海生活几乎燃尽了郑和所有的精力,在归航途中,他终于病倒了,而且一病不起。当船只到达郑和第一次远航的终点古里时,郑和的生命终于走到了尽头。

宣德八年(1433年)四月初的一天,千里海面风平浪静,太阳静静地照着大海。伴随着三声礼炮,郑和的遗体被放入一叶小舟,漂入大海。此时,只见一群海鸥飞临小舟上空,拼成一只大大的海鸥图案,为郑和遮挡住炽热的太阳。

航海家郑和　(周明清摄)

古里成了郑和最后到达的地方,这似乎是一种天意。二十多年前,他第一次抵达这里,意气风发之余,立下了"刻石于兹,永昭万世"的豪言壮语;二十多年后,他心满意足地在这里结束了自己传奇的一生。郑和,再看一眼神秘而深邃的大海吧,那里才是你真正的归宿,你永远属于那里!

历史记载,六十多年后,一支由四艘船只组成的船队又来到了古里,这支船队的率领者叫达·伽马。

然而,这位挂着冒险家头衔的葡萄牙人也许不知道,早在九十多年前,有一个叫郑和的人率领着大明国的庞大舰队就已经到过这里了⋯⋯

## 八、探索与发现

### 1. 开放的政策

郑和七下西洋,属于中国历史上空前的主动外交。郑和从 1405 年开始,到六十二岁时在古里逝世,近三十年的时间,几乎都是在海上奋斗。他先后七次下西洋,活动范围东起长江口,西至阿拉伯半岛的吉达与非洲东岸的麻林,北自南京港,南至赤道以南之南半球,足迹遍及印度支那半岛、南环群岛、马来半岛、印度半岛、阿拉伯半岛、东非沿海等亚洲、非洲三十多个国家和地区;主要航线达四十二条之多,"采取东西航线和南北航线纵横交错,传统航线和新辟航线相互配合的方式航行",其航程向西延伸到大西洋,向东延伸到太平洋,到了当时能够进行环球航行的边缘。在众多的航线中,最具开创性的有三条:向南到达爪哇,这是北半球驶向南半球;向西到达忽鲁谟斯,这是越过印度洋;向南偏西南,越过印度洋到达东非沿岸,接近莫桑比克海峡。后来大航海时期,西方的航海家正是沿着这条航线,开辟了自西半球向东半球的航路。郑和七下西洋总计航程十六万海里,合二十九点六万公里,以绕赤道一周约四万公里计算,郑和共绕地球七次以上,这是世界航海探险史上的壮举。郑和下西洋的时间,比西方的哥伦布、达·伽马、麦哲伦要早近一百年;他船队的庞大和人员的众多也是哥伦布、达·伽马、麦哲伦那四五条船、上百人所无法比拟的,即便用今天的眼光来看,也是十分壮观的。他的舰队创下了十五世纪世界航海活动之最。

郑和的远航,开创了中国封建社会里一次带有开放色彩的外交壮举,大大增进了中国与亚非各国的关系。郑和船队在二十八年间,遍访亚非三十多个国家,途中只发生过三次武力冲突,且都是事出有因,其余时间都是和平贸易,友好交往。郑和所到之处，赢得了各国各阶层和广大群众的热烈欢迎和普遍尊敬。吕宋（今菲律宾）、麻林、锡兰山等十一个国家的国王都曾亲自来华访问，使明王朝的国际威望空前提高，中外文化交流也因此掀开了新的篇章。至今印度尼西亚有三保垄，泰国有三保港，吉隆坡有三保宫，爪哇岛上有三保洞、三保井、三保庙等纪念郑和的地名或建筑物。

## 2．文化的传播

郑和的船队，还充当着中外文化交流的媒介。十五世纪时，中国的文明在世界上居于领先地位。郑和船队有效地清除了洪武以来我国东南亚沿海和东南亚地区的海盗之患，完全打通了由中国至东南亚各国的"海上丝绸之路"。在中国与东南亚各国的贸易交往中，丝绸和瓷器成了大宗的出口物品，这反过来又刺激了国内丝织业和瓷器业的发展。而越南、泰国则开始学习中国的青花瓷技术。中国对东南亚的香药的需求，也刺激了爪哇、旧港等地的香药生产，发展了当地经济。双方的友好往来，也为以后福建、广东之民赴东南亚开发南洋经济、传播中华文化创造了条件。

郑和的航海活动，使亚非各国领略到了中华传统文化和社会文明进步的辉煌成就，对其经济文化产生了深刻的影响。据记载，郑和下西洋后，马来西亚的服饰受到了中国的影响，而一些地区开始用瓷器为食具，放弃了以前粗陋的蕉叶。郑和曾在古里、锡兰山、柯枝等地立下石碑。锡兰山用三种文字颂扬了船队所访问国家信奉的三种主要宗教——佛教、印度教、伊斯兰教的石碑，完全是友谊的丰碑。派使团前往中国朝贡的国家，则领略了中国的文物宪章制度。另一方面，通过郑和航海而产生的《瀛涯胜览》（马欢著）、《星槎胜览》（费信著）、《西洋番国志》（巩珍著）三本书，让国内人民也大大开阔了眼界，增加了对亚非各国的了解。

郑和把先进的中国文化广泛传播到海外，如推广历法、农耕、度量衡、建房造屋、铸钱币，甚至小到教他们制作豆制品、食用海盐、刮痧疗病、纺线织布等；又将海外各国文化艺术中的精华带回中国，如真腊吴哥的建筑艺术、占城国的木雕、非洲的绘画、烧制玻璃的工艺、各种香料奇药等，大大促进了中外文化交流。

### 3．郑和之后，再无郑和

郑和七次下西洋，不仅有物质文化的交流，也有精神文化的传播，东南亚各地流传的郑和传说和遗迹，就是一个很好的证明。

在泰国，据张燮《东西洋考》，人们把暹罗港叫做三保港，并有郑和所建寺、塔。《明史·外国传五·暹罗传》说："其国有三宝庙，祀中官郑和。"

泰国三保公庙虽有多处，而以大域之三保公庙为最大，三保佛像足有十米高，且有中文匾联。清人陈伦炯《海国闻见录·南洋记》载："相传：三宝至暹罗时，番人稀少，鬼祟更多，与三宝斗法，胜，许居住；一夜各成寺塔。将明，而三宝之寺未及覆瓦，视鬼之塔已成，引风以侧之，用头巾顶、插花代瓦幔覆。今其塔尚侧。三宝寺殿，今朽烂，棕绳犹存于屋瓦。洋艘于篷顶桅上加一布帆，以提吊船身轻快，为头巾顶。又于篷头之旁，加一布帆以乘风力，船无敧侧而加快，为插花。番病，每向三宝求药，无以济施，药投之溪，令其水浴。至今番、唐人尚以浴溪浇水为治病。外洋诸番，以汉人呼唐人，因唐时始通故也。"

在缅甸，传说某年

马六甲郑和纪念馆　（王平摄）

四月,因天气炎热而中暑生病乃至死亡者不计其数。正好中国明朝下西洋的三保太监途经缅甸,便往他们身上泼水,顷刻间病消灾除。这天正是四月十五日,于是就规定每年这天为全国泼水节日以示纪念。

在马来西亚,至今还保存着郑和访问满刺加的遗迹和传说。这里有三保山、三保亭、三保井,还有郑和奏明皇将汉丽宝公主下嫁满刺加国王素丹曼苏尔沙的传说。三保山是公主住地。山麓有三保井,据说为郑和所开凿,水质清新甘美,饮之可益寿延年。有趣的是马六甲三保祠中的郑和塑像为"雪髯童颜",象征其饱经风霜,经验丰富,精神焕发,青春常在,表现了当地人民对郑和的崇敬与爱戴。

在文莱也有关于郑和的传说。《明史·外国传四,婆罗传》载:"万历时,为王者闽人也。或言郑和使婆罗,有闽人从之,因留居其地,其后人竟据其国而王之。邸旁有中国碑。王有金印,篆文,上作兽形,言永乐朝所赐。民间嫁娶,必请此印印背上,以为荣。"

在印尼,郑和遗迹与传说非常之多。清人王大海《海岛逸志》说:"明宣宗好宝玩,命内监郑和等至西洋采办,止于万丹,实未至巴。而三宝垅有三宝洞,云是星槎遗迹,极灵应,每朔望,士女云集拜祷。"巴,指巴达维亚,即今日的雅加达。三保洞的三保公庙,在六月二十九要举行盛大游行。洞

印度尼西亚三保洞　　(王平摄)

前亭阁悬挂不少名联，又有三保洞碑文载三保大人简略。日本人中目觉所著《阿弗利加视察谈》曾说："爪哇一带的华侨对于郑和一事，很是重视，有若神明。我从非洲回国的时候，道经爪哇三宝垅，下榻台湾银行分行。离行约六十余丈，就是大觉寺，寺中有三保大人像，香火很盛，每年舆像出巡各处一二次。我想这里对于三保太监的事迹既然如此尊崇，说不定还有三保传略一类的书。问了书店，果然有中文的《三保大人传》二册，不幸那时书已卖完了。书贾告诉我说还有马来文《三保大人传》，约有十五册之谱。我以为马来本《三保大人传》或者就是取材中文本而成也未可知。"

向达在《唐代长安与西域文明》一书中说："三宝垅就是因三宝太监而得名的。流行那里的中文《三保大人传》，不知内容怎样，或许就是汇集华侨传说中的三宝太监而成此书。至于马来文的《三保大人传》那更有趣了。我想其中一定有许多材料，为上述各书所未说过的，若打好事的人，把南洋这种中文和马来文的《三保大人传》介绍到中国学术界来，我想对于郑和的研究肯定有不小的贡献哩。"

此外，东南亚流传着三保太监与爪哇公主的爱情故事，雅加达有三保水厨庙及其随从费信协助当地居民战胜黑龙帮匪徒的传说。

相传有一次，郑和的船队到达雅加达的金星港后，当地人隆重举办迎浪舞会，热情欢迎大明使者的到来。盛大的舞会就在海岸举行，许多姑娘头戴鲜花翩翩起舞。这时海风吹过，大海里的浪花旋转、跳跃，仿佛和少女们一道欢乐共舞，那情景真是动人极了。望着这奇特的舞蹈，郑和和他的部下脸上露出了笑容。后来还发生了一件事，那就是郑和船上的一位厨师和一位跳舞的少女一见钟情，当郑和的船队即将驶离港口时，那个厨师不愿随船队出发，他和少女跪在地上请求郑和同意他们结为夫妇，旁边的人也帮着恳求，郑和思索后答应了他们。几年过去了，郑和远航归来，又路过金星港，他派将士上岸去询问那位厨师的下落，却只见到他俩的坟墓。原来在不久前两人被海水淹死了,当地人为他们建了坟墓。听此不幸,郑和感叹不已,大声说:"让这位厨师作为当地的神吧!"于是,当地的人们就在海边建了庙,还塑了"三宝水厨"神像。以后每年的春秋两季月明之夜,年轻人穿着节日盛装,来到庙前举行迎浪舞会,在浪花的节奏声中欢乐起舞,相传眼尖的人,还能见到那位厨师和他的恋人在浪花尖上欢快起舞。

同样,井里汶也有相传郑和一夜建成的宋加拉基庙,泗水有纪念郑和的拉都庙,巴厘有纪念郑和厨师的巴都尔庙,苏门答腊的亚齐至今保存着据传是郑和赠给须文达那·巴赛国王的青铜钟。在邦加岛有当年郑和留下足印的巨石及郑和动员当地人民吃榴莲治病的传说等等。据说,郑和站在石上使了一点法术,顿时从海中长出一个岛来,就是现在的邦加岛。离巨石不远,还有郑和系船的木杆。

郑和下西洋前后二十八年,是当时外交史上的一件大事,影响很大,自然在民间产生许多传说。如郑和同时代人袁忠彻就在《古今识鉴》卷八中说到郑和:"内侍郑和即三保也,云南人。身长九尺,腰大十围,四岳峻而鼻小;法及此者极贵。眉目分明,耳白过面,齿如编贝,行如虎步,声音洪亮。后以靖难功授内官太监。永乐欲通东南夷,上问:'以三保领兵何如?'忠彻对曰:'三保姿貌才智,内侍中无与比者。臣察其气色诚可任。'遂令统督以往,所至畏服焉。"

谢肇制《长溪琐语》云:"菩萨岭

航海家郑和　（周明清摄）

在支提那罗岩之下。成祖文皇帝时铸天官千身,赐寺中,遣太监郑和航海而至。中流飓风大作,舟人惧,取其半沉水中。及舟抵寺,而沉水者已先至矣。先数夜时,远近村人望见冠盖数百,鳞次登岭,若傀儡然,光采异常。及是始悟,故又呼为傀儡岭。又有晒衣台,则皆沉水者晒衣其处,迄今寸草不生。"清金鳌《金陵待征录》卷十云:"钟山书院铁矛或以为郑和遗物,按《应天志》坊厢类有铁矛局坊。书院为前明铁厂,鼓铸之所,兼及铁冶耳。石头城外,卧地之矛甚多。"

这类传说,在当时原本甚多,正如钱曾在《读书敏求记》中所说:"盖三保下西洋,委巷流传甚广。内府之戏剧,看场之平话,子虚亡是,皆俗语之流为丹青耳!"但是,由于郑和航海也在高层引起非议,甚至在成化年间(1465年-1487年)郑和航海档案资料被焚毁,除了罗懋登《三宝太监西洋记通俗演义》一书,郑和的传说异闻存留的已甚寥寥。

从已知的东南亚郑和传说中,我们不难看出,郑和是一个富有智慧,并且造福于人民的人。泰国传说把浴水治病归功于郑和,缅甸传说则把泼水节之由来归因于郑和泼水治病,而在马六甲,有传说郑和所掘之井井水可益寿延年;在印尼,则不仅遗有榴莲治病的传说,且有助当地居民战胜匪帮的事件,因而郑和被奉之如神,有马来文传记流传,可见其影响之大,在印尼人民心目中的地位。

郑和,确实是将中国文化与友谊传播于东南亚各国的使者。郑和是云南的回族,因而也是云南少数民族中在东南亚最有影响以及传播伊斯兰文化的历史人物。

1916年,我国著名学者章太炎游印尼爪哇三保庙,特意撰联:

访君千载后

愧我一能无

## 主要参考书目

《明朝那些事儿》,当年明月著,中国海关出版社2008年版。

《昆明人物传说》,王定明主编,云南民族出版社1999年版。

《永乐大航海》,江山著,云南民族出版社2009年版。

《老昆明的故事》,罗新元主编,云南民族出版社2001年版。